16	3	2	13
5	10	11	8
9	6	7	12
4	15	14	1

Michèle Petit

OS JOVENS
E A LEITURA
Uma nova perspectiva

Tradução
Celina Olga de Souza

editora■34

EDITORA 34

Editora 34 Ltda.
Rua Hungria, 592   Jardim Europa   CEP 01455-000
São Paulo - SP   Brasil   Tel/Fax (11) 3811-6777   www.editora34.com.br

Copyright © Editora 34 Ltda. (edição brasileira), 2008
Les Jeunes et la lecture: une autre approche © Michèle Petit, 1998

A FOTOCÓPIA DE QUALQUER FOLHA DESTE LIVRO É ILEGAL E CONFIGURA UMA
APROPRIAÇÃO INDEVIDA DOS DIREITOS INTELECTUAIS E PATRIMONIAIS DO AUTOR.

Edição conforme o Acordo Ortográfico da Língua Portuguesa.

Título original:
Les Jeunes et la lecture: une autre approche

Imagem da capa:
A partir de gravura de Moisés Edgar, do Grupo Xiloceasa, São Paulo

Capa, projeto gráfico e editoração eletrônica:
Bracher & Malta Produção Gráfica

Revisão:
Camila Boldrini, Fabrício Corsaletti,
Alberto Martins, Mell Brites

1ª Edição - 2008, 2ª Edição - 2009 (3ª Reimpressão - 2022)

CIP - Brasil. Catalogação-na-Fonte
(Sindicato Nacional dos Editores de Livros, RJ, Brasil)

P228j
Petit, Michèle
Os jovens e a leitura: uma nova
perspectiva / Michèle Petit; tradução de Celina
Olga de Souza — São Paulo: Editora 34, 2009
(2ª Edição).
192 p.

Tradução de: Les Jeunes et la lecture

ISBN 978-85-7326-397-8

1. Leitura - Jovens. 2. Educação -
Acesso à leitura. I. Souza, Celina Olga de.
II. Título.

CDD - 372.4

OS JOVENS E A LEITURA

Prefácio à edição brasileira 7

Primeiro encontro:
AS DUAS VERTENTES DA LEITURA 15

As duas vertentes da leitura 20
O leitor "trabalhado" por sua leitura 28
Do lado dos leitores 44

Segundo encontro:
O QUE ESTÁ EM JOGO NA LEITURA HOJE EM DIA 59

Ter acesso ao saber 61
Apropriar-se da língua 66
Construir-se a si próprio 71
Um outro lugar, um outro tempo 78
Conjugar as relações de inclusão 86
Círculos de pertencimento mais amplos 93

Terceiro encontro:
O MEDO DO LIVRO 103

A difícil libertação do espírito de grupo 104
Do lado dos poderes:
    o pavor de que as linhas se movam 111
Trair os seus? 116
O medo da interioridade 125
Como nos tornamos leitores 138

Quarto encontro:
O PAPEL DO MEDIADOR 147

Uma relação personalizada 149
Transmitir o amor pela leitura:
    um desafio para o professor? 154
A hospitalidade do bibliotecário 162
Ultrapassar umbrais 166
Pontes para universos culturais mais amplos 174
O mediador não pode dar mais do que tem... 185

PREFÁCIO À EDIÇÃO BRASILEIRA

A leitura tem o poder de despertar em nós regiões que estavam até então adormecidas. Tal como o belo príncipe do conto de fadas, o autor inclina-se sobre nós, toca-nos de leve com suas palavras e, de quando em quando, uma lembrança escondida se manifesta, uma sensação ou um sentimento que não saberíamos expressar revela-se com uma nitidez surpreendente.

Como toda pessoa que tem o hábito da leitura, eu também conheci tais momentos. A leitura, tema de minhas investigações, também despertou em mim um continente inteiro que eu tentara esquecer: a América Latina. Morei na Colômbia dos treze aos quinze anos. Deixar esse país e mudar para a França foi um sofrimento. "Nunca mais cruzarei o Atlântico", pensei. A mulher de Ló não se transformara em estátua de sal quando se voltou para olhar para trás?

Passaram-se anos, décadas. Foi quando meu destino profissional, ou, mais precisamente, as artimanhas do desejo, fizeram com que, num dia de 1998, um editor mexicano, Daniel Goldin, me convidasse para ir a seu país, dar uma palestra sobre a leitura. Não imaginava que essas palestras, logo reunidas em livro,[1] iriam viajar por toda a América de língua

---

[1] Michèle Petit, *Nuevos acercamientos a los jóvenes y la lectura*, traduzido do francês por Rafael Segovia e Diana Luz Sanchez, México, Fondo de Cultura Económica, 1999 (Col. Espacios para la Lectura).

espanhola. E que eu iria conhecer, nos anos seguintes, milhares de mediadores de leitura — professores, bibliotecários, psicólogos, escritores etc. — que me diriam: "O que você constatou nas periferias francesas (ou no campo), já o observei onde trabalho".

Hoje, é no Brasil que tenho a oportunidade de ver meu livro publicado, em uma das línguas mais belas da terra. Em 2005, em Paris, comemoramos o "ano do Brasil na França". Por toda a cidade, exposições, concertos, publicações, nos davam notícias desse país. Descobri as telas de Frans Post, que, fascinado, representou "todo o Brasil em retratos", de Itamaracá ao rio São Francisco.[2] Vi, encantada, as pinturas de Cícero Dias; passeei por suas telas, dos campos de cana-de-açúcar aos telhados do Recife. Li doze lendas contadas por Clarice Lispector.[3] Segui os relatos de J. Borges e J. Miguel através de suas xilogravuras e me vi sonhando, na esperança de um dia conhecer essas histórias, essas paisagens, desconhecidas para mim. Outra vez, o desejo agiu. Algum tempo depois, Patrícia Bohrer Pereira Leite e o centro de estudos A Cor da Letra convidaram-me para participar do II Encontro "Formação de Leitores e Literatura Infantil" em São Paulo. E Alberto Martins acolheu-me na Editora 34.

As pesquisas que cito neste livro têm hoje dez anos.[4] Desde então, a ampla difusão das novidades tecnológicas trans-

---

[2] Pedro Corrêa do Lago e Blaise Ducos (orgs.), *Frans Post: Le Brésil à la cour de Louis XIV*, Paris, Louvre/5 Continent, 2005.

[3] *Comment sont nées les étoiles: douze légendes brésiliennes*, Paris, Des Femmes, 2005.

[4] Em uma versão um pouco modificada, o texto que segue retoma as conferências que, traduzidas em espanhol, foram lidas no México em 1998. Foram baseadas em duas pesquisas financiadas pela *Direction du Livre et de la Lecture* (Diretoria do Livro e da Leitura) do Ministério francês da Cultura, sob a responsabilidade científica da Biblioteca Pública de Informação (Centre Georges Pompidou, Paris). Expresso meus agradeci-

formou a situação no campo do acesso à informação. Entretanto, no essencial, não coloca em questão as observações reunidas nos capítulos que se seguirão. Relendo-os, pensei muitas vezes nas cenas de violência de que as periferias urbanas francesas foram palco, em 2005. O mundo todo viu as imagens de carros e equipamentos públicos incendiados — como escolas e algumas bibliotecas. Esses acontecimentos têm causas complexas, que não pretendo analisar aqui.[5] Mas parece-me oportuno falar um pouco sobre as armadilhas da democratização do ensino em meu país.

Em 1985, a palavra de ordem fora lançada com o objetivo: "80% de uma geração no bac".[6] Desde então, os filhos das classes populares foram estimulados a prosseguir os estudos, a fim de não engrossar o número de desempregados entre os jovens. A massificação do ensino foi desse modo conduzida a passo forçado, sem oferecer os meios pedagógicos pa-

---

mentos a esses dois organismos, e também às pessoas que os dirigem, por tê-las iniciado e sustentado. Na França, os resultados aparecem em: *De la bibliothèque au droit de cité* (Michèle Petit, Chantal Balley et Raymonde Ladefroux, com a colaboração de Isabelle Rossignol, 1997), e *Lecteurs en campagnes* (Michèle Petit, Raymonde Ladefroux *et al.*, 1993), publicados por Bibliothèque Publique d'Information/Centre Georges Pompidou, na coleção "Études et Recherches".

[5] Eles eram bastante previsíveis devido à segregação espacial crescente, à gravidade do desemprego e ao fracasso escolar, ao aumento das xenofobias etc. Em novembro de 1996, escrevi como conclusão de um artigo: "Ao lutar contra a exclusão apenas por meio da assistência e do controle social, provavelmente jogaremos um jogo perigoso. E os bibliotecários correrão o risco de serem reduzidos a animadores de guetos, e ver, cada vez mais, bibliotecas queimando...". *Bulletin des Bibliothèques de France*, t. 42, 1, 1997, p. 6-11. http://bbf.enssib.fr/sdx/BBF/frontoffice/1997/01/document.xsp?id=bbf-1997-01-0006-001/1997/01/fam-dossier/dossier& statutMaitre=non&statutFils=non.

[6] Diminutivo de *baccalauréat*: exame realizado no final do terceiro ano do ensino médio para o ingresso na universidade.

Prefácio à edição brasileira

ra acolher esses novos estudantes.[7] Muitos dos jovens oriundos de camadas populares que entram na universidade saem, um ou dois anos mais tarde, sem nenhum diploma e com muito ressentimento. Têm a impressão de que a escola os iludiu — e uma parte deles participou das revoltas urbanas recentes. O sociólogo Stéphane Beaud conversou com alguns deles que tinham sido alunos "médios".[8] Observou suas formas de estudar e de viver, durante anos. Descobriu que não estavam absolutamente preparados para as exigências da vida de estudante: suas anotações de aula eram malfeitas, incompletas e ilegíveis, seu desconhecimento das bibliografias completo, não dispunham de fichas nem de livros, não pesquisavam na biblioteca etc. Beaud constatou que esses jovens não tinham o hábito de fazer trabalhos individuais. Durante os estudos secundários, os rapazes, em particular, pouco trabalharam em casa ou na biblioteca, para não se passarem por "traidores do bairro", por "pretensiosos", junto aos colegas — enquanto as meninas, ao contrário, fizeram de tudo para escapar do bairro e da vigilância mútua que ali reinava, e frequentaram assiduamente as bibliotecas. Já desorientados quando da passagem pela escola por volta dos quinze anos, esses rapazes não estavam prontos para enfrentar a universidade.

Extremamente prejudicial é o bloqueio em relação aos livros, a hostilidade à leitura que muitos demonstram. "A relação com a cultura escrita é um elemento essencial para o êxito escolar, é mesmo a chave de tudo", declara Beaud. E também: "O bloqueio dos rapazes em relação à leitura é uma questão fundamental que condiciona seu acesso aos estudos, mas também sua relação com a política".[9] Os que ultrapas-

---

[7] Stéphane Beaud, *80% au niveau bac... et après? Les enfants de la democratization scolaire*, Paris, La Découverte-Poche, 2003.

[8] *Idem.*

[9] Entrevista com Stéphanie Beaud: http://www.ac-versailles.fr/pedagogi/ses/vie-ses/hodebas/beaud1.htm.

sam esse bloqueio o fazem graças a um encontro feliz com um professor ou com uma garota. Ou, eu acrescentaria, com uma bibliotecária.

Pois trabalhar por conta própria, utilizar documentos com autonomia, familiarizar-se com uma bibliografia ou tomar notas, são competências que podem ser desenvolvidas na biblioteca — com a condição, é claro, de que um profissional esteja ali para ajudar. As bibliotecas também estão qualificadas para contribuir para uma mudança de atitude em relação à leitura. É o que testemunharam muitos jovens que entrevistei anos atrás, e cujas experiências constituem o cerne deste livro. Vivendo em bairros marginalizados, iam à biblioteca para fazer as lições de casa, encontrar um local estruturante, um profissional pronto para aconselhá-los, formas de sociabilidade que os protegessem das ruas. Mas também encontraram ali meios de passar a uma outra relação com o conhecimento e com a cultura escrita, mais autônoma, em que a curiosidade pessoal tinha sua parte. Uma outra relação com a leitura.

Graças a mediações sutis, calorosas e discretas ao longo de seu percurso, a leitura começou a fazer parte de sua experiência singular. Não se tornariam necessariamente grandes leitores, mas os livros já não os desencorajavam nem os assustavam. Ao contrário, ajudavam-nos a encontrar palavras, a serem um pouco mais atores de sua própria história. Tanto quanto um meio de sustentar o percurso escolar, a leitura era, para esses meninos e meninas vindos de famílias muitas vezes iletradas, mas desejosos de traçar seu caminho, um auxílio para elaborar seu mundo interior e, portanto, de modo indissoluvelmente ligado, sua relação com o mundo exterior.

Se tal contribuição da leitura para a descoberta ou para a construção de si não é nova, ela ganha destaque particular nestes tempos em que, bem mais do que no passado, cabe a cada um construir sua própria identidade. Até pouco tempo

Prefácio à edição brasileira

atrás, a identidade decorria em grande medida de uma linhagem familiar e de um sentimento de pertencimento étnico, religioso, social. Após a travessia dos ritos de passagem, reproduzia-se mais ou menos a vida dos pais. A aceleração das mudanças na época contemporânea fez com que se transformassem ou desaparecessem todos os moldes nos quais a vida se desenrolava. Muitas pessoas tiveram suas raízes cortadas sem terem podido adquirir outra cultura. Os modelos familiares são frequentemente debilitados, às vezes, desestruturados. E o sentido da vida não decorre mais, em nossa era de fim das ideologias, de um sistema total que dirá a última palavra, a razão de ser de nossa presença sobre a terra.

Hoje, cada um deve construir sua identidade e experimentar, bem ou mal, na busca de sentido, valores, referências, lá onde os limites simbólicos não existem, com todos os riscos que isso comporta, particularmente na adolescência. Em muitos países, as pessoas se preocupam justamente com o aumento das condutas de risco entre crianças e jovens. Este é um motivo a mais para nos interessarmos pelo papel que a leitura pode desempenhar na elaboração da subjetividade, na construção de uma identidade singular e na abertura para novas sociabilidades, para outros círculos de pertencimento.

Estes, na maior parte do tempo, fundam-se sobre uma exclusão: é meu país, minha cidade, meu time de futebol, meu pedaço de calçada contra o seu. Compartilhar histórias lidas ou contadas dá, às vezes, o sentimento de que os pertencimentos podem ser mais flexíveis. Na América Latina, muitos mediadores têm a esperança de que o livro — que foi, e ainda é, um instrumento de poder, de discriminação — possa, hoje, dar lugar a sociabilidades abertas, onde a oralidade e a escrita se reconciliem, e onde cada um possa encontrar seu lugar, contribuindo com o que lhe foi transmitido, ou simplesmente escutando e deixando correr sua imaginação.

O espaço íntimo que a leitura descobre, os momentos de compartilhar que ela não raro propicia, não irão reparar o mundo das desigualdades ou da violência — não sejamos ingênuos. Ela não nos tornará mais virtuosos nem subitamente preocupados com os outros. Mas ela contribui, algumas vezes, para que crianças, adolescentes e adultos, encaminhem-se no sentido mais do pensamento do que da violência. Em certas condições, a leitura permite abrir um campo de possibilidades, inclusive onde parecia não existir nenhuma margem de manobra.

* * *

Gosto de fazer viajarem as vozes. Com alegria, imagino que aqueles jovens que escutei na França serão ouvidos no Brasil. É também nos mediadores de leitura desse país que penso, ao escrever este prefácio. Em todos que conheci, meses atrás, em São Paulo e em Minas Gerais: Márcia (SP), Cíntia, Val, Amanda, Angélica, Lando, Renata, Márcia (MG), Alexandre, Renato, Aide, Juliana, Luciana, Devorah, Hilda, Orlando, Camila, Uberlando, Marina, Karoline, Fabiana, Paulo, Mariele, Marciene, Daiane, Jéssica, José... e tantos outros. Agradeço-lhes.

Agradeço a Daniel Goldin, Patrícia Boher Pereira Leite e a Alberto Martins, que me permitiram realizar esta nova aventura. E obrigada a você que abre este livro.

Michèle Petit
Paris, dezembro de 2006

Prefácio à edição brasileira

Primeiro encontro

AS DUAS VERTENTES DA LEITURA

Permitam-me manifestar, antes de mais nada, a emoção que sinto por estar na América Latina, de onde sempre me senti próxima, pois foi aqui que passei minha adolescência, há muito tempo. Fui convidada para falar sobre a leitura e a juventude, sendo que foi justamente neste continente que minha relação com a leitura se transformou. Durante minha infância em Paris, tive a sorte de viver cercada de livros, poder fuçar livremente na biblioteca de meus pais, e vê-los, dia após dia, com um livro nas mãos: todas essas coisas que, como sabemos hoje, são propícias para nos tornar leitores. Mas na América Latina eu descobri as bibliotecas, em particular a de um instituto onde meu pai lecionava. Ainda me vejo, então com catorze anos, em um prédio cuja arquitetura moderna me encantava, em meio a todos aqueles livros expostos, entre dois pátios. Na França, naquela época, as bibliotecas ainda eram sombrias, austeras, não se tinha livre acesso aos livros, elas pareciam dizer ao adolescente que ele não tinha nada que fazer ali — depois as coisas mudaram, felizmente. Por isso, para mim, a América Latina teve sempre um gosto de livros, de grandes janelas envidraçadas, de tijolos e plantas misturados. Um gosto de modernidade. De abertura para o novo.

Deixando minhas recordações de lado, passo às questões que nos levaram a esse encontro. Soube que existe na América Latina uma grande preocupação com relação à juventude. Na França, essa preocupação também existe. Objetiva-

As duas vertentes da leitura   15

mente, existem todos os motivos para que fiquemos preocupados. Embora a França esteja entre os países mais ricos do planeta, a situação média daqueles com menos de trinta anos se deteriorou a partir dos anos 1970, em todos os campos: emprego, renda e moradia. Nossa sociedade se mostra cada vez mais fascinada pela juventude; todos se empenham em "manter-se jovens", até os octogenários, mas, na realidade, deixamos cada vez menos espaço para os jovens. Estes, principalmente as moças, têm sido as principais vítimas do desemprego e da precariedade do emprego. Mais trágico ainda é ver, em todo o mundo, jovens serem mortos, feridos, atingidos pela violência, pelas drogas, pela miséria ou a guerra. É preciso dizer, em primeiro lugar, que não existem "os jovens", mas rapazes e moças, dotados de recursos materiais e culturais muito variáveis, dependendo da posição social da família e do lugar em que vivem, expostos de maneira desigual aos riscos que mencionei.

Além das razões que já temos para nos preocupar, além também das grandes diferenças entre a situação de nossos países, entre suas histórias e evoluções recentes, parece-me que, em quase todo o mundo, a juventude é motivo de preocupação porque os caminhos não estão mais todos traçados, porque o futuro é intangível. Nas sociedades tradicionais, para dizer em poucas palavras, os jovens reproduziam, na maior parte do tempo, a vida de seus pais. As mudanças demográficas, a urbanização, a expansão do trabalho assalariado, a emancipação das mulheres, a reestruturação das famílias, a globalização da economia, as evoluções tecnológicas etc., evidentemente desordenaram tudo isso. Perderam-se muitas referências que, até então, davam sentido à vida. Acredito que uma grande parte dessa preocupação venha da impressão da perda de controle, do medo diante do desconhecido. A juventude simboliza este mundo novo que não controlamos e cujos contornos não conhecemos bem.

E a leitura, em meio a tudo isso? A leitura de livros, sobretudo? Na França, nesta era do visual, alguns a consideram algo supérfluo, como um acessório de teatro que não se usa mais. Já observaram que, de vinte anos para cá, a proporção de leitores entre os jovens diminuiu, quando se poderia esperar que aumentasse devido à maior escolarização. Segundo esses, a causa seria a seguinte: aos livros, os jovens preferem o cinema ou a televisão, que identificam com a modernidade, a rapidez e a facilidade; ou preferem a música, o esporte, que são prazeres compartilhados. O livro estaria ultrapassado, de nada adiantaria chorar diante disso.

Outros, ao contrário, lamentam que "os jovens não leiam mais". Não sei o que ocorre na América Latina, mas na França é um assunto que aparece regularmente nos jornais, a cada nova estação do ano. Durante muito tempo, o poder, a Igreja e os educadores preocuparam-se com os perigos que uma difusão ampla da leitura poderia acarretar. Desde os anos 1960, entretanto, todos lamentam que essa difusão seja insuficiente. E ainda mais nestes tempos de inquietude, em que ignoramos a maneira como esses jovens inabordáveis, aos quais deixamos cada vez menos espaço, poderiam se ligar ao mundo.

Por que essa preocupação? Sem dúvida, alguns temem, não sem razão, a perda de uma experiência humana insubstituível. Outro dia escutei George Steiner dizer na televisão que, nos Estados Unidos, 80% das crianças não sabiam o que significava ler em silêncio: ou tinham um *walkman* no ouvido enquanto liam ou estavam próximas a uma televisão ligada sentindo constantemente seu brilho e seus ruídos. Essas crianças não conheciam essa experiência singular que é ler sozinho, em silêncio.

Certos escritores também temem que, no burburinho do mundo, ninguém mais queira saber desse território íntimo que é a leitura, dessa liberdade e solidão que, aliás, sempre assustaram os seres humanos. Temem particularmente que, com o destaque que se dá à "comunicação", ao comércio de

As duas vertentes da leitura   17 informações, nos desviemos para uma concepção instrumentalista, mecanicista da linguagem, e acredito que tenham razões para se preocupar; voltarei a isso nos próximos dias. Mas, em muitos dos discursos de políticos ou intelectuais sobre a diminuição da frequência da leitura entre os jovens, parece-me que figuram também outros motivos.

Eu disse anteriormente que, nas formas tradicionais de integração social, se reproduzia, mais ou menos, a vida dos pais. E a leitura, quando se tinha acesso a ela, participava dessa reprodução, e até de um adestramento (para alguns, já era, ao contrário, um modo privilegiado de modificar as linhas do destino social). No início — voltarei a isso em um instante — a leitura foi um exercício prescrito, coercitivo, para submeter, controlar à distância, ensinar a se adequar a modelos, inculcar "identidades" coletivas, religiosas ou nacionais. Assim, parece-me que alguns sentem saudades de uma leitura que permita enquadrar, amoldar, dominar os jovens. Nos meios de comunicação se ouvem queixas sobre o tema: "os jovens não leem mais", "é preciso ler", até mesmo "deve-se amar a leitura", o que faz, evidentemente, com que todos fujam dela. Lamentam, sobretudo, que se deixe de ler os grandes textos supostamente edificantes, desse "patrimônio comum", como dizem, espécie de totem unificador em torno do qual seria sensato que nos uníssemos.

Em meu país, nos meios de comunicação, o debate sobre a leitura na juventude fica dessa forma muitas vezes reduzido a uma espécie de querela entre Antigos e Modernos. Caricaturando um pouco, os Antigos choram, com saudade, a perda das letras, em um tom e com argumentos que não me parecem os mais felizes para conquistar para sua causa os não leitores, sobretudo se são jovens. Quanto aos Modernos, apelam para uma espécie de relativismo absoluto, afirmando que esta ou aquela telenovela, segundo eles, seria capaz de suprir nossa necessidade de narração tanto quanto um texto literário muito elaborado ou um grande filme, e que tudo isso é uma simples questão de gosto herdado, de consumo cultural socialmente programado.

Confesso-lhes que nunca me senti à vontade ao ouvir esses discursos que me parecem estar muito longe daquilo que os leitores, de diferentes classes sociais, me diziam no decorrer das entrevistas que fiz. De minha parte, observo que se a proporção de leitores assíduos diminuiu, a juventude continua sendo, ao menos na França, o período da vida em que a atividade de leitura é mais intensa. E para além das grandes pesquisas estatísticas, ao escutarmos esses jovens falarem, compreendemos que a leitura de livros tem para eles algumas vantagens específicas que a distingue de outras formas de lazer. Compreendemos que por meio da leitura, mesmo esporádica, podem estar mais preparados para resistir aos processos de marginalização. Compreendemos que ela os ajuda a se construir, a imaginar outras possibilidades, a sonhar. A encontrar um sentido. A encontrar mobilidade no tabuleiro social. A encontrar a distância que dá sentido ao humor. E a pensar, nesses tempos em que o pensamento se faz raro.

Estou convencida de que a leitura, em particular a leitura de livros, pode ajudar os jovens a serem mais autônomos e não apenas objetos de discursos repressivos ou paternalistas. E que ela pode representar uma espécie de atalho que leva de uma intimidade um tanto rebelde à cidadania. É o que tentarei lhes mostrar nesses próximos quatro dias. Gostaria de sensibilizá-los para a pluralidade do que está em jogo com a democratização da leitura entre os jovens. Realmente, sempre fico surpresa ao ver até que ponto alguns desses aspectos são desconhecidos ou subestimados. O quanto nós permanecemos prisioneiros de velhos modelos de leitura e de uma concepção instrumentalista da linguagem.

Organizei as quatro conferências da seguinte forma:

Na primeira, falarei das duas vertentes da leitura: uma marcada pelo grande poder atribuído ao texto escrito e a outra pela liberdade do leitor. E lhes explicarei como resolvi me colocar, nas minhas investigações, do lado dos leitores, de suas experiências singulares.

A segunda será dedicada à pluralidade do que está em jogo na leitura, insistindo sobre o seu papel na construção de si mesmo, que é muito significativa no período da adolescência e juventude. Para os jovens, como constatarão, o livro desbanca o audiovisual na medida em que permite sonhar, elaborar um mundo próprio, dar forma à experiência. É um aspecto sobre o qual muitos insistem, principalmente nos meios socialmente desfavorecidos onde, frequentemente, se deseja que os jovens fiquem restritos às leituras mais "úteis". Ora, para os rapazes e moças que encontrei, a leitura representava tanto um atalho para elaborar sua subjetividade quanto um meio de chegar ao conhecimento. E não acredito que isto seja uma especificidade francesa.

Na terceira, falarei do medo em relação ao livro e em seguida evocarei as diferentes maneiras de se tornar leitor. Por trás dos equívocos dos discursos unânimes que pedem a democratização da leitura, acredito, efetivamente, que o medo do livro ainda existe, assim como o medo da solidão do leitor diante do texto, o medo da divisão do poder simbólico. Essa divisão, que põe em jogo muita coisa, pode ser sempre motivo de conflitos, de lutas de interesses, mais evidentes quanto mais se nega a existência deles.

A última palestra, finalmente, será dedicada ao papel dos mediadores do livro, à sua margem de manobra, que as questões tratadas ao longo da exposição nos permitirão compreender melhor.

As duas vertentes da leitura

Para começar, como eu havia anunciado, gostaria de falar sobre as duas vertentes da leitura. Para isso, me basearei em uma pesquisa sobre a leitura no meio rural da qual participei quando comecei a trabalhar com esse assunto.[1] Naquela ocasião, fiz entrevistas com pessoas de diferentes níveis sociais, que moravam no campo e gostavam de ler. Durante as entrevistas, elas recordavam, de maneira muito livre, todo o seu trajeto como leitores, desde as lembranças da infância. Fiquei impressionada ao constatar que, nos meios rurais franceses, a leitura tal como a conhecemos hoje, solitária, silenciosa, não era, na realidade, muito antiga: boa parte de nossos interlocutores, de diferentes gerações, evocavam espontaneamente lembranças de leitura coletiva, em voz alta, no seio da família, no catecismo e, muitas vezes, no internato. Hoje, a televisão assistida em família talvez esteja mais próxima dessas histórias orais compartilhadas.

Proponho-lhes, assim, escutar três de nossos interlocutores: meio século separa as infâncias que eles evocam.

Jeanne é aposentada e lembra do tempo em que era interna: "Tudo que estivesse fora do programa era proibido... Jamais tínhamos tempo livre... Não tínhamos o direito de falar no refeitório. Liam para nós as vidas de crianças-modelo, como Anne de Choupinet, e a vida de santos".

Pierre é agricultor; tem cerca de cinquenta anos. O livro sobre o qual fala, intitulado *A volta da França por duas crianças*, foi lido por várias gerações de crianças durante a primeira metade do século XX. Descrevia o périplo de duas crianças por diferentes regiões francesas e visava dar aos jovens um forte sentimento de identidade nacional:

> "Lembro de meus avós. Meu avô lia para mim *A volta da França por duas crianças*. Havia uma grande lareira, nem me lembro se tinha eletricidade, e depois do jantar minha avó colocava no fogo uma grande panela

---

[1] Raymonde Ladefroux, Michèle Petit e Claude-Michèle Gardien, *Lecteurs en campagnes*, Paris, BPI/Centre Georges Pompidou, 1993, p. 248.

com vinho e tomilho e punha para ferver. Com mel. E ele nos contava... não sei por que, talvez porque eu fosse jovem, mas ele lia 'bem' — a gente vivia aquelas histórias à medida que ele contava, sabe? Com meu irmão, quando a gente fala dessa *Volta da França*... conforme eles davam a volta na França, é curioso, podíamos vê-la... isso devia ser por volta de 1945-46".

Christine tem uns quarenta anos. Antes de ir morar no campo, viveu muito tempo na cidade. Fala de seu filho, um adolescente: "É o que tentava lhe explicar, dizia-lhe: 'Não fique na frente da TV; vocês são milhões vendo TV. Se você pegasse um livro, seria o único; talvez dois ou três lendo o mesmo livro, ao mesmo tempo; é uma outra forma de felicidade!'".

Essas três cenas ilustram a distinção entre a leitura coletiva, oral, edificante, e a leitura individual, silenciosa, na qual, por vezes, encontramos palavras que nos permitem expressar o que há de mais singular. E também a distinção entre aquela época, quando uns poucos controlavam o acesso aos textos impressos e extraíam deles fórmulas para incutir nos outros, submissos e silenciosos, uma identidade religiosa ou nacional, e essa outra época, em que cada um "pega" um livro, se apropria dele, encontra palavras e imagens que interpreta à vontade. Três cenas que lembram que a leitura tem muitas faces e é marcada ao mesmo tempo pelo poder absoluto que se atribui à palavra escrita, de um lado, e pela irredutível liberdade do leitor, do outro, como disse o historiador do livro Roger Chartier.[2]

De um lado, a linguagem escrita permite dominar à distância, pela imposição de modelos amplamente difundidos,

---

[2] Roger Chartier, "Textos, impressos, leituras", *in* Martine Poulain (org.), *Lire en France aujourd'hui*, Paris, Cercle de la Librairie, 1993, pp. 15-29.

quer seja a figura edificante de um santo ou a da criança descobrindo o amor pela pátria. Utilizou-se muito a escrita — e utiliza-se ainda — para submeter as pessoas à força de um preceito e prendê-las nas redes de uma "identidade coletiva". É algo, por exemplo, que me impressionou muito em alguns países da Ásia. Antes de trabalhar com a leitura, participei durante um certo tempo de uma pesquisa sobre os empresários chineses de Singapura e Taiwan. Quando os encontrávamos, esses empresários, dos mais tradicionais aos mais modernos, chamavam nossa atenção para o que denominavam suas "filosofias". Mal chegávamos, eles já nos diziam: "antes de tudo, tenho que explicar-lhes a minha filosofia". Levavam-nos então até lemas escritos em bela caligrafia chinesa que enfeitavam todos os cantos dos escritórios e das fábricas, e nos traduziam esses preceitos que resumiam o espírito da empresa. Para muitas dessas empresas, aquelas "filosofias" conduziam a alguns princípios de inspiração confuciana que exaltavam o trabalho, a disciplina, a frugalidade, a honestidade, o senso de coletividade etc. Mas esses empresários lhes atribuíam uma grande eficiência para unificar e guiar a conduta dos empregados que deviam lê-los todos os dias e se imbuírem deles.

Por um lado, isso tem que ver com a especificidade da língua e da história chinesas: pela origem pictográfica dos ideogramas, a língua chinesa é, sem dúvida, mais concreta que as línguas ocidentais, no sentido de que nela as palavras evocam, por meio de imagens, qualidades, ações e relações. Esse caráter "emblemático" da língua confere-lhe o poder de despertar a realidade, de sugerir a ação e de provocá-la ao representá-la. Na China antiga, a primeira obrigação do chefe consistia em fornecer a seus súditos emblemas, divisas e "designações corretas". Era o que lhe permitia impor as regras e a hierarquia social. Como as palavras tinham essa força quase mágica de manter os seres e as coisas no seu devido lugar na ordem social estabelecida, a escrita foi um instrumento fundamental do poder político. Adquirido ao final de uma longa iniciação, o chinês literário era, na China imperial, a língua dos mestres, o cimento do Império. Verdadeiro "esperanto para os olhos", podia ser lido em toda parte, enquanto as pronúncias extremamente variáveis impediam muitas vezes que, num raio de poucos quilômetros, as pessoas viessem a se entender.

Mesmo sem ser chinês, qualquer ser humano preocupado em ter influência sobre seus semelhantes parece compreender instantaneamente essa função de mandarim da escrita. Darei um ou dois exemplos disso. O primeiro nos foi proporcionado por uma menina de sete anos, que entrevistei no decorrer da pesquisa sobre a leitura no meio rural. Chama-se Émilie e fala sobre uma de suas amigas que, para assegurar seu poder, passava seu tempo lendo. Cito-a:

> "Ela prefere ser a chefe: então ela trabalha, escreve, 24 horas por dia, e gosta muito de ler. Porque ela tem que nos passar trabalho; e depois, temos que decorar. [Ela me dá um ou dois exemplos das perguntas que sua amiga lhe prepara.] 'Antes do final do inverno, o pintassilgo atrairá o quê?' Antes do final do inverno, o pintassilgo atrairá a sua atenção... 'Seu peito, suas bochechas e seu pescoço se tingem ligeiramente de que cor?' De rosa salmão... Você entende como é brincar com ela?...".

E solta um suspiro.

Aos sete anos ela já sabe, por experiência própria, que a manipulação da escrita é um instrumento decisivo de poder. Tomo o segundo exemplo emprestado ao antropólogo Claude Lévi-Strauss. Em um texto intitulado "Lição de escrita", relata um incidente ocorrido quando estava entre os índios Nambikwara, no Brasil. O chefe, que, como qualquer um dos Nambikwara, não sabia ler nem escrever, pediu para Claude Lévi-Strauss um bloco de notas. Depois, preencheu-o com linhas tortas, juntou sua gente, fez cara de quem lia o papel e listou os presentes que o etnologista deveria lhes dar. O que ele esperava? Cito Lévi-Strauss: "Enganar a si mesmo, talvez; mais, porém, surpreender seus companheiros, convencê-los de que tinha participado na escolha das mercadorias, que obtivera a aliança com o branco e que partilhava de seus segredos".[3] Mais tarde, ao refletir sobre esse episódio, Lévi-Strauss concluiu que:

"[...] a função primária da comunicação escrita foi favorecer a servidão. O emprego da escrita com fins desinteressados, visando extrair-lhe satisfações intelectuais e estéticas, é um resultado secundário, se é que não se resume, no mais das vezes, a um meio para reforçar, justificar ou dissimular o outro".[4]

Manipular a escrita permite aumentar o prestígio junto a seus semelhantes. No início, o aprendizado da leitura é, muitas vezes, um exercício que incute o medo, que submete o corpo e o espírito, que incita cada um a ficar em seu lugar, a não se mover. Em *Uma história da leitura*,[5] Alberto Manguel lembra que, tanto o chicote como o livro, foram, durante séculos, o símbolo daquele que ensinava a ler. Ainda hoje, o medo e a submissão podem estar sempre em primeiro plano, como podemos ver, por exemplo, no filme do diretor iraniano Abbas Kiarostami intitulado *Lição de Casa* (1989). Kiarostami mostra crianças a quem pergunta como vão os seus deveres de casa. E no decorrer do filme, vemos que aquilo que

---

[3] Claude Lévi-Strauss, "Leçon d'écriture", in *Tristes tropiques*, Paris, Plon, 1955, p. 315 [ed. brasileira: *Tristes trópicos*, trad. Rosa Freire d'Aguiar, São Paulo, Companhia das Letras, 1996].

[4] *Ibid.*, p. 318.

[5] Paris, Actes Sud, 1998 [ed. brasileira: *Uma história da leitura*, trad. Pedro Maia Soares, São Paulo, Companhia das Letras, 1997].

procuram inculcar nos alunos ao ensiná-los a ler, não são conhecimentos, mas sim o medo: na escola, essas crianças se sentem literalmente em perigo.

Porém, não se pode jamais estar seguro de dominar os leitores, mesmo onde os diferentes poderes dedicam-se a controlar o acesso aos textos. Na realidade, os leitores apropriam-se dos textos, lhes dão outro significado, mudam o sentido, interpretam à sua maneira, introduzindo seus desejos entre as linhas: é toda a alquimia da recepção. Não se pode jamais controlar o modo como um texto será lido, compreendido e interpretado. Darei um exemplo que tomo de um psicoterapeuta que leu, e fez com que as crianças também lessem, os mitos antigos. Leu uma passagem em que Hércules, com um colar de pedras preciosas, pulseiras de ouro e um xale púrpura, deixa sua pele de leão e tece a lã. Comentário das crianças: "A gente não imaginava que Hércules fosse gay!".[6]

Outro exemplo: a leitura que Omar, um estudante que conhecemos, fez de *Madame Bovary*, de Flaubert — um dos textos canônicos do currículo escolar francês. Cito Omar: "Emma corneava seu marido, e houve até um processo. Flaubert, em sua defesa, dizia que como havia feito Emma morrer, era moral. E agora, quando lemos isso, vemos que Emma corneou seu marido, e isso é tudo". Evidentemente, não estou segura de que esse resumo lapidar esteja de acordo com o que o professor de Omar ou as autoridades acadêmicas desejem que as crianças retenham deste grande texto da literatura francesa.

É por essa razão que sempre se temeu o acesso direto ao livro e a solidão do leitor diante do texto. É por essa razão que, ainda hoje — tocaremos nesse ponto ao tratarmos do medo do livro —, os poderes autoritários preferem difundir vídeos, fichas ou trechos escolhidos, acompanhados de sua

---

[6] Serge Boimare, "Apprendre à lire à Héraclès", *in Nouvelle Revue de Psychanalyse*, 37, 1988.

interpretação e contendo a menor possibilidade de "jogo", deixando ao leitor a mínima liberdade.

Michel de Certeau tinha uma fórmula bonita para evocar essa liberdade do leitor. Escrevia: "Os leitores são viajantes; circulam em terras alheias; são nômades que caçam furtivamente em campos que não escreveram". E evocava "a atividade silenciosa, transgressora, irônica ou poética, de leitores (ou de telespectadores) que conservam uma reserva de distância na intimidade, sem que os 'amos' o saibam". Dizia também:

> "A escrita acumula, estoca, resiste ao tempo pelo estabelecimento de um lugar e multiplica sua produção pelo expansionismo da reprodução. A leitura não se protege contra o desgaste do tempo (nos esquecemos de nós mesmos e esquecemos dela), não conserva ou conserva mal sua conquista, e cada um dos lugares por onde passa é repetição do paraíso perdido".

Essas frases foram extraídas de um artigo intitulado "Ler: uma caça furtiva",[7] um ótimo texto.

Os leitores caçam furtivamente, só fazem o que querem, mas isso não é tudo. Eles também se evadem. De fato, hoje em dia, ao ler, nós nos isolamos, nos distanciamos dos outros, em uma interioridade autossuficiente. A leitura é "um teto todo seu", para citar o título de um livro de Virginia Woolf.[8] Distanciamo-nos do mais próximo, das evidências do cotidiano. Lemos nas beiradas, nas margens da vida.

E se a leitura desperta o espírito crítico, que é a chave de uma cidadania ativa, é porque permite um distanciamento,

---

[7] Michel de Certeau, "Lire: un braconnage", *in L'Invention du quotidien*, 1/ *Arts de faire*, Paris, 10/18, 1980.

[8] *A Room of One's Own* [ed. brasileira: *Um teto todo seu*, trad. Vera Ribeiro, Rio de Janeiro, Nova Fronteira, 2005].

As duas vertentes da leitura

uma descontextualização;[9] mas também porque abre um espaço para o devaneio, no qual outras possibilidades são cogitadas — voltaremos ao assunto nos próximos dias. Mas já lhes digo que, a esse respeito, não se deve opor a leitura considerada instrutiva àquela que estimula a imaginação. Uma e outra, uma aliada à outra, podem contribuir para o pensamento, que necessita lazer, desvios, passos fora do caminho. "Pensamos sempre em outro lugar", dizia Montaigne.

No interior da França, para empregar uma imagem, poderíamos dizer que, no decorrer do século XX, o leitor (que com frequência é uma leitora) levantou-se discretamente, deixou a sala de convívio e retirou-se em seu quarto. A leitura — que era, de início, uma atividade que se prescrevia para enredar as pessoas na malha das palavras — converteu-se em um gesto de afirmação de singularidade. Tornou-se um atalho, cada vez mais utilizado, para escapar do tempo e do lugar em que supostamente se deveria estar; escapar desse lugar predeterminado, dessa vida estática e do controle mútuo que uns exercem sobre os outros.

O LEITOR "TRABALHADO" POR SUA LEITURA

Deixo o interior da França e gostaria de avançar com vocês um pouco mais nessa segunda vertente da leitura, a do diálogo entre o leitor e o texto. Eu lhes dizia que o leitor encontrava palavras, imagens, para as quais dava outros significados, cujo sentido escapava, não somente ao autor do texto, mas ainda àqueles que se esforçavam em impor uma única leitura autorizada. O leitor não é passivo, ele opera um trabalho produtivo, ele reescreve. Altera o sentido, faz o que bem entende, distorce, reemprega, introduz variantes, deixa

---

[9] Consultar as obras de Jack Goody e, em particular, *La Raison graphique*, Paris, Minuit, 1979.

de lado os usos corretos. Mas ele também é transformado: encontra algo que não esperava e não sabe nunca aonde isso poderá levá-lo.

É algo que veremos ao longo desse seminário. Para aprofundar um pouco o tema, darei alguns exemplos, colhidos em vários lugares, nas minhas leituras, nas entrevistas que realizei, nas observações de todo dia, e os comentarei. Mas sintam-se livres para interpretá-los de outra forma. Procederei dessa maneira em cada conferência, que vejo mais como um tempo de elaboração, um *work in progress*, como dizem os anglo-saxões, do que uma ocasião para lhes impor conclusões definitivas.

Acrescento que alguns dos temas que irei abordar agora poderão lhes parecer abstratos. E esta conferência é sem dúvida, nesse momento ao menos, a mais abstrata das quatro; primeiro, farei com que comam o pão amanhecido. Mas não se preocupem demais, voltaremos a todos esses temas de maneira mais concreta no decorrer dos próximos dias, e tudo o que direi esta tarde fará sentido.

Começo por citar o psicanalista Didier Anzieu:

> "Uma obra não trabalha o leitor — no sentido do trabalho psíquico — se ela lhe dá somente o prazer do momento, se ele fala dela como de um feliz acaso, agradável mas sem futuro. O leitor que começa a ser trabalhado pela obra estabelece com ela uma espécie de ligação. Mesmo durante as interrupções de sua leitura, ao se preparar para retomá-la, ele se entrega a devaneios, tem sua fantasia estimulada e insere fragmentos dela entre as passagens do livro; sua leitura é um misto, um híbrido, um enxerto de sua própria atividade de fantasmatização sobre os produtos da atividade de fantasmatização do autor".[10]

---

[10] *Le Corps de l'oeuvre*, Paris, Gallimard, 1981, pp. 45-6.

As duas vertentes da leitura

Existe algo na leitura, como diz Anzieu, que é da ordem do trabalho psíquico, no sentido em que os psicanalistas falam de trabalho do sonho, trabalho do luto, trabalho de criação. É uma dimensão que me parece essencial e que muitos leitores experimentam, mesmo aqueles provenientes de meios mais modestos; ainda que, naturalmente, não empreguem essas palavras para falar dela. No entanto, curiosamente, essa experiência corriqueira é, muitas vezes, silenciada ou desconhecida. Não é da ordem da "educação" nem do "prazer", e as divisões habituais que opõem "leituras úteis" a "leituras de distração" não permitem que se perceba isso. Para que possamos compreender um pouco melhor de que maneira a leitura pode trabalhar o leitor, citarei vários jovens com os quais realizamos nossas entrevistas.

A primeira chama-se Fanny e tem 21 anos. Diz: "Gosto quando existe liberdade para o leitor. Os romances que não tomam os leitores por imbecis, que não lhes explicam tudo, que nos deixam um pouco fazer nosso próprio caminho".

O segundo é Ridha. Vou citá-lo longamente:

"Quando eu era criança, às vezes o bibliotecário parava seu trabalho e contava histórias para nós. Isso me tocou muito, a sensação, a emoção que senti naquele instante, permaneceu. É algo parecido com um encontro. Ninguém me disse: faça isso, faça aquilo [...]. Mas, me mostraram alguma coisa, fizeram-me entrar em um mundo. Abriram-me uma porta, uma possibilidade, uma alternativa entre milhares talvez, uma maneira de ver que talvez não seja necessariamente aquela a se seguir, que não seja necessariamente a minha, mas que vai mudar alguma coisa na minha vida porque talvez existam outras portas.

Quando eu era pequeno, os livros representavam tantas alternativas, tantas possibilidades, saídas, soluções para problemas, e tantas pessoas e individualidades quantas eu podia encontrar no mundo. Pela diversidade dos livros, das histórias, existe uma diversidade de coisas e é como a diversidade dos seres que povoam essa terra e que todos gostaríamos de conhecer e lamentamos que em cem anos não estaremos mais aqui e não teremos conhecido as pessoas que vivem no Brasil ou em outros lugares [...].

Se não houvesse diversidade, se houvesse apenas uma cor, tudo seria monótono. Se você entra em um jardim, certamente tem prazer em ver as flores amarelas no campo, mas é muito mais bonito encontrar outros campos com flores diferentes, porque se tiver apenas flores amarelas em todo o planeta, em um certo momento você enjoará do amarelo [...]. Se existe uma diversidade, isso enriquece a pessoa. Para mim, a criança, nessa idade, exige uma diversidade de coisas. Ela quer se deslumbrar. E tudo passa pelas imagens. E nós não somos necessariamente obrigados a ver esta imagem, podemos ouvir a voz do contador de histórias e sonhar...

Acredito que o sentimento de asfixia que uma pessoa pode experimentar se dá quando ela sente que tudo está imóvel, que tudo ao seu redor está petrificado [...]. Se realmente for uma pessoa que estiver fraca, numa situação que a impeça de se mover, é desesperador. É como um passarinho preso numa gaiola, esquecido em algum lugar e que morre ali dentro.

A biblioteca ideal é a que permite que as crianças sonhem e que não lhes imponha ideias, imagens ou histórias, mas que lhes mostre possibilidades, alternativas. Essas coisas terão uma ligação profunda com sua vida adulta, mais tarde. Ler histórias, pura e simplesmente, talvez só pelo prazer de contar, mostrar que se pode sonhar, que existe saída e que nem tudo está imóvel. Que inventem sua vida, que é possível inventar a própria vida. E que talvez, para inventar a própria vida, seja pre-

As duas vertentes da leitura

ciso primeiro a matéria-prima; é preciso ter sonhado para poder sonhar e criar.

A busca de si mesmo, o encontro consigo mesmo, é a coisa mais importante para um ser humano, um indivíduo".

Essas reflexões são muito ricas; este rapaz toca no essencial em vários pontos, me parece. Tem 22 anos, vem de uma família numerosa. Seus pais vieram da Argélia, não sabem ler nem escrever. Infelizmente, ele teve de interromper seus estudos.

Citarei outro rapaz, Daoud, de origem senegalesa. Diz:

"Para mim, a leitura não é uma diversão, é algo que me constrói. A biblioteca me permitiu imaginar filmes, fazer meus próprios filmes como se eu fosse um diretor. Ia com frequência à biblioteca para ler histórias em quadrinhos, mas parava nos livros. Às vezes, lia o resumo de livros grossos e densos, imaginava a história; lia a primeira página, a primeira linha e presumia tudo o que se passava".

Vejam que Daoud, como Ridha, associa o fato de construir-se a si mesmo com a alteração produzida pelo encontro com um texto, até mesmo com uma simples linha. É a partir dessas palavras escritas por um outro, que as imagens e as palavras lhe vêm e que elabora seu próprio filme, como ele diz. Esses rapazes dizem, com suas próprias palavras, o mesmo que disse o psicanalista Didier Anzieu. Lembram-nos que é sempre na intersubjetividade que os seres humanos se constituem; que o leitor não é uma página em branco onde se imprime o texto: desliza sua fantasia entre as linhas, a entremeia com a do autor. As palavras do autor fazem surgir suas próprias palavras, seu próprio texto.

Agora eu gostaria de me apoiar em um escritor. No de-

32   Os jovens e a leitura

correr desses dias, citarei com frequência escritores, pois estes são leitores por excelência e costumam observar com muita atenção o que lhes sucede ao ler. Citarei um antilhano, Patrick Chamoiseau. Em seu livro *Caminho da escola*, ele fala de sua relação com a língua e com a escola durante sua infância. O livro é construído em dois tempos: primeiro tempo, "o desejo"; segundo tempo, "a sobrevivência".

No primeiro tempo, o rapaz, o "negrinho" como diz Chamoiseau, vive fascinado por essa escola aonde vão seus irmãos e irmãs mais velhos. Fascinado por essas letras traçadas em seus cadernos ou nos tabiques do corredor da casa. Um dia, seu irmão mais velho escreve cuidadosamente alguma coisa na altura de seus olhos. Eu cito:

"— Adivinha o que é? — perguntou-lhe.
— O que é?
— É o teu nome que está aí... você está aí dentro!
— revelou-lhe com um sorriso de feiticeiro.
O negrinho se viu ali, prisioneiro de um traçado de giz. Poderiam, desse modo, apagá-lo do mundo!...".

Assim o menino decidiu copiar mil vezes, desesperadamente, o traçado de seu nome, "de maneira a multiplicar e evitar um genocídio". E toma "gosto por aprisionar pedaços da realidade em seus traços de giz".

Além da escrita, ele é também fascinado pelos livros e aventura-se a explorar uma caixa onde sua mãe guardava obras de Júlio Verne, Lewis Carroll, Stevenson, Daniel Defoe, no fundo de um armário, sob roupas de luto. Seus irmãos e irmãs haviam recebido esses livros como prêmios na escola. Cito novamente:

"O negrinho recompunha os livros a partir das imagens. Imaginava histórias e esforçava-se em encontrá-las nos textos impressos sempre indecifráveis [...].

As duas vertentes da leitura

Construía suas próprias histórias, propagando-as entre as letras incompreensíveis e as seguia obscuramente, frase por frase, desse modo, até o final. Aprendeu a amplificar um acontecimento para que correspondesse ao número de linhas de uma página. Soube se lançar de uma imagem até alcançar a seguinte, adaptando-se bem a este exercício. Tinha-se impressão de que lia; na realidade, lia o que sua delirante imaginação projetava no livro".[11]

Ali, antes mesmo que soubesse decifrar, o jovem herói "lia", no sentido de que o livro desencadeava nele toda uma atividade de fantasmatização, de construção narrativa. E como o poder de decifrar as letras enigmáticas, assim como o de aprisionar pedaços do mundo com o giz pareciam provir da escola, pede incessantemente para frequentá-la.

Passado algum tempo feliz nos primeiros anos da educação infantil, logo se desencantará. No começo do ensino fundamental terá um aprendizado que engessa seu corpo, seu espírito e sua língua. E a imposição de uma língua estrangeira — o francês, a língua do colonizador — sobre o crioulo, que era sua expressão nativa. As crianças aprendem a se vigiar, a extirpar de suas bocas qualquer expressão crioula, a corrigir suas pronúncias, a se afastar do falar de suas mães. Mas a língua será também o instrumento de sua sobrevivência. Quer compreender os mistérios da escrita, mergulha nas letras, enche páginas inteiras com sua pena, não para agradar o mestre repressivo, mas para ele mesmo. E Chamoiseau conclui o livro com essas palavras: "nessa pilhagem de seu universo natal, nessa ruína interior tão paralisante, o negrinho, debruçado sobre seu caderno, traçava, sem saber muito bem, um rastro de sobrevivência".

---

[11] *Chemin d'école*, Paris, Gallimard, 1994, p. 200.

No final das contas, Chamoiseau se apropriará dessa língua do colono que devastou seu universo natal, conhecerá seus contornos como poucos franceses. Porém revolucionará suas formas, fazendo dela uma outra coisa, uma língua-mosaico, encravada de palavras colhidas na diversidade do Caribe.

Chamoiseau evoca em outro livro, *Escrever em país dominado*, esta inversão, este movimento, do momento em que se é prisioneiro do traçado das letras do outro, preso no grilhão de uma língua ou de uma cultura colonial, até o momento em que a escrita do outro, pouco a pouco, lhe dá um espaço e lhe permite ocupar um lugar na língua, encontrando aí suas próprias palavras, seu próprio modo de dizer ou escrever. Ele ressalta esse poder fértil das palavras de um escritor: "Ao final de uma leitura, o mundo apresentado pelo livro continua tendo uma vida autônoma dentro de nós. Nos vemos forçados a criar novas histórias a partir desse mundo".[12] Relata, em particular, a história de uma prisão onde trabalhou como educador e de um jovem detento martinicano para quem levava livros em segredo. Uma vez mais, a inversão vai se produzir graças à leitura. E não qualquer leitura; tratava-se de grandes escritores: V. S. Naipaul, Lezama Lima, Nicolás Guillén, William Faulkner, Jorge Amado, García Márquez, Augusto Roa Bastos, Miguel Ángel Astúrias. Pouco a pouco, o Caribe, as colônias da América vão ocupando a cela, e o jovem entra no jogo. Cito:

> "Ele lia. Ele escrevia. Lia. Escrevia. Minha amizade recente com o chefe da segurança lhe rendeu uma máquina de escrever. Passava seus dias, suas noites sobre ela. [...] Ao vê-lo escrever, tive consciência do potencial da leitura-escrita em uma situação extrema. Meu

---

[12] *Écrire en pays dominé*, Paris, Gallimard, 1997, p. 36.

As duas vertentes da leitura

35

novo amigo havia recriado para si uma densidade que anulava a repressão do cárcere. Não tinha mais rancores, mas sim desejos. Projetava-se com confiança. Irradiava energia".[13]

"Não tinha mais rancores, mas sim desejos." Mesmo que não sejamos antilhanos, sabemos hoje que toda cultura tem uma estrutura colonial. Ao menos é o que diz o filósofo Jacques Derrida: "Toda cultura é originalmente colonial [...]. Toda cultura se institui pela imposição unilateral de alguma 'política' da língua. O domínio, sabemos, começa pelo poder de nomear, impor e legitimar as designações".[14] No mesmo livro, porém, algumas páginas adiante, Derrida evoca também o momento em que, jovem judeu crescido na África do Norte, foi "fisgado pela literatura e filosofia francesas":

"Flechas de metal ou de madeira, corpo penetrante de palavras invejáveis, temíveis, inacessíveis mesmo quando entravam em mim, frases das quais era preciso se apropriar, domesticar, amansar [...] talvez destruir, em todo caso marcar, transformar, talhar, entalhar, forjar, enxertar, tornar diferente, para dizerem de outra maneira, para si e em si".

E expõe esse sonho, não de ferir a língua ou maltratá-la, mas de fazê-la converter-se em outra coisa, "essa língua que permanece intacta, sempre venerável e venerada".[15]

Novamente, esse movimento do qual falava Chamoiseau. Mas, de um modo mais abrangente, mesmo que a leitura não faça de nós escritores, ela pode, por um mecanis-

---

[13] *Ibid.*, p. 90.

[14] *Le Monolinguisme de l'autre*, Paris, Galilée, 1996, p. 68.

[15] *Ibid.*, p. 84.

mo parecido, nos tornar mais aptos a enunciar nossas próprias palavras, nosso próprio texto, e a ser mais autores de nossas vidas.

Nessa leitura, o escritor e o leitor constroem-se um ao outro; o leitor desloca a obra do escritor, e o escritor desloca o leitor, às vezes revelando nele um outro, diferente do que acreditava ser. Disse "o escritor" e não "o autor". E agora há pouco, para falar do leitor trabalhado por seu encontro com um texto, passamos da leitura em geral para essa experiência particular que é a leitura de uma obra literária. Efetivamente, na literatura, o escritor faz justamente um trabalho de alteração da língua. É o que dizia Roland Barthes, que destacava a profunda ligação entre língua e poder: "a linguagem é uma legislação", dizia, ou melhor: "Assim que ela é proferida, seja na intimidade mais profunda do sujeito, a língua entra a serviço de um poder".[16] Porém Barthes observava também:

> "[...] só resta, por assim dizer, trapacear com a língua, trapacear a língua. Essa trapaça salutar, essa esquiva, esse logro magnífico que permite ouvir a língua fora do poder, no esplendor de uma revolução permanente da linguagem, eu a chamo, quanto a mim: *literatura*. [...] As forças de liberdade que residem na literatura não dependem da pessoa civil, do engajamento político do escritor que, afinal, é apenas um 'senhor' entre outros, nem mesmo do conteúdo doutrinal de sua obra, mas do trabalho de deslocamento que ele exerce sobre a língua [...]".[17]

Não examinarei aqui a experiência da leitura literária; não sou particularmente qualificada para isso, e seriam ne-

---

[16] *Leçon*, Paris, Seuil, 1978, pp. 12-4 [ed. brasileira: *Aula*, trad. Leyla Perrone-Moisés, São Paulo, Cultrix, 2004].

[17] *Ibid.*, pp. 16-7.

As duas vertentes da leitura

cessárias não quatro conferências, mas anos. Gostaria apenas de propor algumas balizas, parciais, fragmentárias. Vou tomá-las de empréstimo, ainda esta vez, aos escritores. Mas vocês poderão ver que voltaremos a encontrá-las nos próximos dias, na boca de leitores menos eruditos. Por exemplo: ler permite ao leitor, às vezes, decifrar sua própria experiência. É o texto que "lê" o leitor, de certo modo é ele que o revela; é o texto que sabe muito sobre o leitor, de regiões dele que ele mesmo não saberia nomear. As palavras do texto constituem o leitor, lhe dão um lugar. Os escritores, sobretudo, colocam palavras ali onde dói. Como escreve Jean Grenier: "Vim dar meu testemunho, diz o escritor, para tirar esse peso de seu peito. Não pode nos curar; mas lhe agradecemos por ter visto nosso mal".[18] As palavras podem manter a dor e o medo a distância; as palavras que lemos, as que escrevemos, as que ouvimos. Muitos escritores falaram sobre isso de diferentes maneiras. Como Rilke, no início de *Os cadernos de Malte Laurids Brigge*: "Fiz algo contra o medo. Fiquei sentado e escrevi". Ou o escritor austríaco Winckler, que observa: "Com minhas palavras, desenho uma prisão ao redor do temor". E ao redor de nosso próprio temor. De um modo semelhante, no conto, por exemplo, diferentemente do pesadelo, as sombras são mantidas a distância pelos símbolos. O escritor suíço Nicolas Bouvier observa que, no Japão, os contos "administram e controlam a imensa fauna de fantasmas perniciosos que povoam e percorrem a noite, sobretudo no verão".[19]

Os escritores nos ajudam a nomear os estados pelos quais passamos, a distingui-los, a acalmá-los, a conhecê-los melhor,

---

[18] Jean Grenier, *Inspirations méditerranéennes*, Paris, Gallimard, 1998, p. 52.

[19] Nicolas Bouvier, *Comment va l'écriture ce matin*, Genebra, Slaktine, 1996, p. 108.

a compartilhá-los. Graças a suas histórias, escrevemos a nossa, por entre as linhas. E porque tocam o mais profundo da experiência humana — a perda, o amor, o desespero da separação, a busca de sentido — não há razão para que os escritores não toquem cada um de nós. E é exatamente nesse ponto que jovens leitores vindos de meios desfavorecidos podem, muitas vezes, se encontrar com eles. Com frequência esses jovens relatam como certos textos, nobres ou humildes — mas também filmes ou canções —, lhes ajudaram a viver, a pensar em si mesmos, a mudar um pouco seu destino. E não somente na adolescência.

Uma vez mais acredito que, com essa dimensão da leitura em que a leitura "trabalha" o leitor, estamos longe das divisões estabelecidas que opõem, por exemplo, os partidários da leitura "utilitária" aos da leitura de entretenimento. Quando encontro palavras que me perturbam porque permitem expressar o que tenho de mais íntimo, assumo que isso é algo "útil" ou é um "prazer"? Como disse Freud, talvez seja algo que está "além" do prazer...

Por meio dessa leitura, desses encontros, elaboramos um espaço interior, um país próprio, inclusive em contextos onde parece não nos ter sobrado nenhum espaço pessoal, como é o caso do jovem prisioneiro martinicano. É o que diz um outro escritor, Pascal Quignard, para quem a página lida "é o outro mundo que se opõe a todos os lugares por onde se ramifica a família e onde se encaixam a pequena cidade, a nação e o conjunto dos contemporâneos".[20] Ou é o que diz Agiba, uma jovem que entrevistei e que adora ler desde a infância: "Tinha um segredo, meu universo próprio. Minhas imagens, meus livros e tudo isso. Meu mundo está nos sonhos".

Esse mundo, como ela observa, tem a ver com o segredo. De um lado, ele protege da repressão, que atinge tudo o que

---

[20] Pascal Quignard, *Vie secrète*, Paris, Gallimard, 1998, p. 211.

diz respeito ao íntimo (voltarei a isso quando falar sobre o medo do livro), protege da intrusão de seus pais ou de educadores indiscretos. Mas há ainda outra coisa: a ideia de que toda palavra verdadeira tem uma dimensão oculta. Muitos escritores afirmaram isso, que a leitura tem a ver com o segredo, com a noite, com o amor e com a dissolução da identidade. E ela pede o mesmo pudor que o amor. Marguerite Duras observou em uma entrevista: "Pode ser que se leia sempre no escuro. A leitura é da ordem da obscuridade da noite. Mesmo quando lemos em pleno dia, ao ar livre, se faz noite ao redor do livro".[21] E Michel de Certeau: "Ler é estar em outro lugar, ali onde eles não estão, em outro mundo [...] é criar cantos de sombra e de noite em uma existência submetida à transparência tecnocrática".[22]

Esse espaço íntimo aberto pela leitura não é apenas uma ilusão ou uma válvula de escape. Às vezes pode ser: nós nos consolamos das vidas, dos amores que não vivemos, com as histórias dos outros. Mas é sobretudo uma fuga para um lugar em que não se depende dos outros, quando tudo parece estar fechado. Isso nos dá a ideia de que é possível uma alternativa. Esse espaço íntimo é muito povoado: passam por ali fragmentos de frases, escritas ou ditas por outros, que juntamos e que revelam essa parte oculta de nós mesmos.

E esse espaço íntimo nos dá um lugar. A partir daí, dessa outra maneira de ocupar o tempo que nos é dado quando lemos, temos uma outra percepção do que nos cerca. E podemos dar sentido às nossas vidas, construir um sentido. Como o construiremos? Com histórias, diz Salman Rushdie: "Por meio das histórias, nos construímos". Diz também, em *Pátrias imaginárias*: "O significado é um edifício que

---

[21] Marguerite Duras, entrevista a Michèle Porte, *in Le Camion*, Paris, Minuit, 1977.

[22] Michel de Certeau, "Lire: un braconnage", *op. cit.*, p. 291.

construímos com fragmentos, dogmas, feridas de infância, artigos de jornais, observações feitas ao acaso, velhos filmes, pequenas vitórias, pessoas que odiamos, pessoas que amamos".[23] Parece-me que tem razão: é a partir de fragmentos, apanhados aqui e ali, que fabricamos o sentido. O sentido não é, ou não é mais, em nossa época de fim das ideologias, um sistema total que dirá a última palavra, a razão de ser de nossa presença na terra. Ainda uma citação, a propósito dessa busca de sentido, desta vez de um escritor americano, Richard Ford. O narrador, ao lembrar do pai que lia para ele, observa o seguinte: "Quando lia para mim, talvez procurasse me dizer: 'Não sabemos tudo. A vida tem mais significados do que parece. É preciso ficar atento'".[24] O significado não é algo dado: é alguma coisa para a qual nos inclinamos, um movimento, uma disposição, uma capacidade de acolher. Uma forma de estar atento, como ele diz.

Às vezes, a leitura nos dá o apoio de uma definição. De uma forma, uma ordenação. Sentimos que existe, em alguns textos escritos por escritores, um pouco mais de verdade que em outras formas de expressão linguística. Porque o escritor quebra os estereótipos, renova a linguagem, caça os clichês — o bom escritor, ao menos. E é um dos raros que fala das contradições e das ambivalências das quais somos feitos. Inclusive, é sobre essas contradições, essa parte obscura do coração humano, que ele, com mais frequência, trabalha.

Esses são alguns dos fragmentos sobre a experiência da leitura de obras literárias. Apoiei-me bastante nesses leitores muito eruditos e muito cultos que são os escritores. Mas amanhã vocês verão que, com outras palavras, muitos jovens lei-

---

[23] Salman Rushdie, *Patries imaginaires*, Paris, 10/18-Christian Bourgois, 1993, p. 23.

[24] Richard Ford, *Une situation difficile*, Paris, L'Olivier, 1998, p. 10.

tores de meios sociais desfavorecidos dizem coisas parecidas. E eu gostaria de insistir no fato de que a leitura de obras literárias, quando representa uma experiência singular, não é uma afetação. Infelizmente, os pobres são privados, na maior parte do tempo, dessa experiência, pois não têm acesso aos livros, ou só têm acesso a alguns livros: dizem que outros não são para eles. É um tema sobre o qual voltaremos a falar.

No entanto, existem pessoas dos setores mais pobres da população que tiveram a oportunidade de ter acesso aos livros, e experimentaram — em alguns casos por meio de um único texto — toda a amplitude da experiência da leitura. Nela, encontraram palavras que as transformaram, as trabalharam, às vezes muito tempo após tê-las lido. Inversamente, certas pessoas nascidas em bairros ricos falam de literatura nos salões e sentimos, ao ouvi-las, que nunca passaram por essa experiência, essa transformação. Procuraram nos livros apenas um modo de impressionar os amigos. Falam de literatura, mas é como se pessoas frígidas fizessem um discurso sobre o amor carnal.

Longe dos salões, podemos lembrar também como as palavras dos poetas ajudaram a "sustentar" aqueles que se encontravam sob sofrimentos extremos; podemos evocar todos aqueles que, na dor, mantiveram a dignidade recitando versos. Lembremos do papel que estas palavras representaram para tantas pessoas, nos campos de concentração, durante a Segunda Guerra Mundial. Ou, para outros, nos campos stalinistas. De maneira mais geral, gostaria de dizer que talvez não exista exclusão pior que a de ser privado de palavras para dar sentido ao que vivemos. E nada pior que a humilhação, no mundo atual, de ficar excluído da escrita.

É com emoção que vou lhes contar agora uma recordação. Todo ano, viajo um pouco pela Grécia; eu falo com bastante fluência o grego moderno. Um verão, em uma dessas viagens, conheci uma senhora, no campo, que me contou sua vida. Nasceu em uma família de dez crianças e muito cedo foi adotada por um tio que precisava de uma pastora. Porém, era tão curiosa a respeito de tudo, que a professora da cidadezinha conseguiu que a deixassem ir à escola por alguns meses. Até uma manhã em que seu tio veio buscá-la para que levasse as cabras para pastar. Ela nos disse: "E todos os dias da minha vida, no meio dos animais, desenhei com um graveto as letras de meu nome na terra para que o sono não as levasse".

Acho essa história comovente e é a primeira vez que a conto em público. Exponho-a simplesmente para lembrar-lhes como uma pessoa pode se sentir fora do mundo quando não pôde se apropriar da escrita. Aprendemos a olhar as civilizações orais de um modo diferente, sabemos que podiam ser territórios de cultura muito elevada. Mas, hoje em dia, na maioria das sociedades, ficar excluído da escrita é ficar excluído do mundo. Muitas pessoas que não têm acesso à escrita ou não conhecem bem seus usos, sentem-se indignas. Por isso não posso concordar aqui com alguns de meus colegas antropólogos que, em nome de princípios mais nobres, gostariam que mantivéssemos longe da contaminação da escrita um ou outro grupo étnico, como um modo de preservar sua particularidade.

Ao compartilhar a leitura, ao contrário, cada pessoa pode experimentar um sentimento de pertencer a alguma coisa, a esta humanidade, de nosso tempo ou de tempos passados, daqui ou de outro lugar, da qual pode sentir-se próxima. Se o fato de ler possibilita abrir-se para o outro, não é somente pelas formas de sociabilidade e pelas conversas que se tecem em torno dos livros. É também pelo fato de que ao experimentar, em um texto, tanto sua verdade mais íntima como a humanidade compartilhada, a relação com o próximo se transforma. Ler não isola do mundo. Ler introduz no mundo de forma diferente. O mais íntimo pode alcançar neste ato o mais universal.

A pobreza material é temível porque priva a pessoa não apenas dos bens de consumo que tornam a vida menos dura, mais fácil, mais agradável; não apenas dos meios de proteger a própria intimidade; mas também dos bens culturais que conferem dignidade, compreensão de si mesmo e do mundo, poesia; e priva ainda das trocas que são realizadas em torno desses bens. A pobreza impede de participar em uma sociedade, de estar ligado ao mundo através do que produziram aqueles que o integram: esses objetos culturais que circulam e desembocam em outros círculos diferentes do parentesco ou do bairro, que são o espaço do íntimo e do que se compartilha para além das fronteiras do espaço familiar. E para se pensar, se definir, muitas vezes, só resta aos pobres se ligar a uma comunidade mítica ou a um território, mesmo que seja um pedaço de calçada.

Pois bem, fiz um longo périplo sobre essas duas vertentes da leitura, detendo-me na segunda, em que o leitor dialoga com o texto, em que é trabalhado e alterado por ele.

DO LADO DOS LEITORES

Volto agora ao meu propósito inicial. Dizia-lhes que, na França, no tocante à preocupação com a juventude, alguns sentiam saudades de uma leitura que permitisse enquadrar, moldar, dominar os jovens. De uma leitura que pertenceria à primeira vertente da leitura.

Na realidade, esse tipo de nostalgia não é recente. Abro aqui um pequeno parênteses histórico. No final do século XVIII, segundo os historiadores, produziu-se uma das revoluções da leitura, atribuída à multiplicação dos livros e dos jornais publicados, e à redução dos preços. Nas cidades da Europa, um número cada vez maior de pessoas se apropriou desses novos impressos e os leu sem controle e com desenvoltura. E foi nesse momento que vimos florescer uma grande quantidade de pinturas, imagens e descrições literárias que evocavam a leitura no meio rural. Lerei algumas frases copiadas do livro de Guglielmo Cavallo e Roger Chartier, *História da leitura no mundo ocidental:*[25]

"O modelo utilizado com tanta frequência no final do século [XVIII] por pintores e escritores, de uma leitura campesina, patriarcal e bíblica, realizada na vigília pelo pai de família que lê em voz alta para toda a família reunida, enuncia a nostalgia de uma leitura perdida. Nessa representação ideal da existência campesina, tão cara à elite culta, a leitura comunitária representa um mundo em que o livro é venerado e a autoridade respeitada. Com essa figura mítica, é evidente que o que se denuncia é o gesto ordinário de uma leitura oposta, urbana, negligente e desenvolta. Descrito como um perigo para a ordem política, como um 'narcótico' que desvia das verdadeiras Luzes ou como uma perturbação da imaginação e dos sentidos, o 'furor de ler' atinge todos os observadores contemporâneos. Sem dúvida, ele desempenha um papel essencial no afastamento que, por toda a Europa e particularmente na França, começa a se dar entre os súditos e seu príncipe, e os cristãos e suas igrejas".

Parece-me que, na atualidade, às vezes há uma nostalgia semelhante, principalmente entre as pessoas que se encontram nas fileiras do poder, seja político ou universitário. Uma nostalgia dessa cena mítica, onde todos se reuniam em torno do patriarca que, sozinho, falava. Um desejo de restauração dessa autoridade antiga que a leitura exatamente contribuiu para enfraquecer. Volto à última frase dos historiadores: "[O furor de ler] desempenha um papel essencial no afastamento

---

[25] *Histoire de la lecture dans le monde occidental,* Paris, Seuil, 1997, p. 35 [ed. brasileira: *História da leitura no mundo ocidental*, 2 vols., trad. Fulvia M. L. Moretto, Guacira Marcondes Machado e José Antônio de Macedo Soares, São Paulo, Ática, 1998].

que, por toda a Europa e particularmente na França, começa a se dar entre os súditos e seu príncipe, e os cristãos e suas igrejas". Às vezes me pergunto se o medo que as autoridades sentem do livro não é em parte fantasmático, e se os perigos ligados à sua difusão são reais. Esses historiadores não duvidam disso. A difusão da leitura torna as alianças mais fluidas, tanto as familiares e as comunitárias, como as políticas e religiosas. E muitas das resistências à difusão da leitura parecem provir, na realidade, do medo desse desprendimento, como veremos nos próximos dias.

Hoje, políticos e intelectuais pedem a restauração de uma coesão social perdida ou ameaçada — coesão que, diga-se, encontra-se em situação bastante precária nestes tempos em que se acentuam os processos de segregação. E chamam em socorro a cultura, a qual acreditam ser reparadora e reconciliadora. Preocupam-se principalmente com que os jovens, sobretudo os que vivem nas periferias de nossas cidades, não dividam "o patrimônio comum", a antologia de valores, de referências que, como uma rede de palavras, deveria manter unidos aqueles que compõem uma sociedade. Pois a juventude que causa preocupação na França é uma determinada juventude; é a que vive nos bairros marginalizados, nas periferias das cidades. É ela que a mídia coloca regularmente em cena, associada ao aumento da violência, à delinquência e ao tráfico de drogas.

Segundo esses políticos e intelectuais, caberia então aos professores, aos bibliotecários, introduzir esses jovens marginalizados em uma espécie de rito de passagem, obrigando-os a pertencer, através do ato de compartilhar os grandes textos. Encontramos nesses discursos a crença antiga de que os textos escritos poderiam modelar aqueles que os decifram, e que certos textos considerados fundadores, poderiam imprimir-se neles como se fossem páginas em branco, até que os leitores se assemelhassem pouco a pouco ao que ingerem. Vejam que estamos na primeira vertente da leitura.

Vocês compreenderam que este não foi o ponto de vista que escolhi quando trabalhei com a leitura. E, sobretudo, não foi o ponto de vista que escolhi quando coordenei uma pesquisa para o Ministério francês da Cultura, cujo objetivo era avaliar qual seria o papel das bibliotecas públicas e da leitura para os jovens que vivem nestes bairros desfavorecidos, em uma luta contra o processo de exclusão, de marginalização.[26] Foi no curso dessa pesquisa, mais do que no trabalho sobre a leitura no meio rural, que compreendi a fundo o que está em jogo com a democratização da leitura. Farei, com frequência, referências a esse estudo no decorrer das palestras, e falarei um pouco do que se trata. As periferias francesas podem parecer muito distantes da América Latina. Entretanto, acredito que por meio das experiências desses jovens de um outro continente, com uma história totalmente diferente, talvez vocês encontrem um material para comparação, questionamento, surpresa.

Se pude entender melhor o que está em jogo com a democratização da leitura, devo isso aos jovens que conheci. Na realidade, tanto nesta pesquisa como na que se referia à leitura em meio rural, escolhi situar-me do lado dos leitores, e gostaria de explicar-lhes um pouco o meu procedimento, inclusive levá-los aos bastidores.

A princípio, isso não se deve fazer: um pesquisador explica o interesse objetivo de sua pesquisa, expõe sua problemática, sua metodologia, mas não é sensato levar o público ou o leitor até a cozinha, e menos ainda evocar sua subjetividade. Teoricamente, deveria manter sua pesquisa o mais longe possível de sua subjetividade, ainda que isso nunca ocorra, seja ele consciente ou não. Mas, o fato de estar longe de meu país, longe da intimidação mútua que reina nos

---

[26] Michèle Petit, Chantal Balley e Raymonde Ladefroux, *De la bibliothèque au droit de cité. Parcours de jeunes* (com a colaboração de Isabelle Rossignol), Paris, BPI/Centre Georges Pompidou, 1997.

As duas vertentes da leitura

círculos universitários, me dá um pouco de liberdade. Então, a primeira coisa que fiz, antes de responder às propostas que havia recebido do Ministério da Cultura sobre esse assunto, foi tentar reencontrar a adolescente que existia em mim, lembrar da representação do mundo que eu tinha naquele momento. Certamente minha percepção era singular, inteiramente ligada à minha história pessoal e familiar. Depois, naturalmente, o mundo mudou, e com que rapidez! No entanto, eu pensava que talvez existisse qualquer coisa da experiência da adolescência que perdurasse, para além das gerações, para além dos países e até talvez para além dos sexos, pois o corpo diferentemente sexuado traça, para rapazes e moças, uma compreensão de si, do mundo e dos destinos, muito diferentes.

Para refrescar minhas ideias, deixei de lado os tratados de ciências sociais e fui ver os filmes. Os artistas conservam uma proximidade da criança ou do adolescente que foram, se deixam trabalhar por ele. Naquele momento, estavam em cartaz alguns filmes produzidos por nosso canal cultural, que se chama Arte, dirigidos por cineastas de diferentes gerações e que colocavam em cena, justamente, suas adolescências. Também pensei em outros filmes sobre a adolescência ou a juventude; em grandes clássicos como *Juventude Transviada*, de Nicholas Ray, por exemplo.

Conforme via essas imagens, o que mais me chamava a atenção — é claro que não foi somente este aspecto — era que a adolescência, a juventude, é um pouco a época em que a gente se diz, como escrevia Dostoiévski em *Memórias do subsolo*: "Eu sou um e eles são todos".

Ou para dizer de outro modo: é o período em que se tem a impressão de que o mundo está cheio, os lugares ocupados, as casas construídas, os livros escritos, os conhecimentos constituídos, as árvores plantadas, desde sempre. E que as pessoas se espalham por todos os lugares. Para encontrar um espaço, então, será preciso remover tudo isso que não tem intenção de se deixar remover. Ter quinze anos é, muitas vezes, isso: o mundo está cheio, onde poderei me encaixar?

Vivi isso nos anos 1960, e não devia ser a única a senti-lo, pois éramos milhões nas ruas de Paris e de outras cidades do mundo, em maio de 68, a gritar contra esse mundo imutável, regido por uma gerontocracia, e no qual tínhamos a impressão de que tudo estava bloqueado. Os tempos mudaram desde então, mas vendo esses filmes experimentei a sensação de que, também para jovens de outras gerações, o mundo já se mostrava em todo o seu peso, com todos os seus lugares ocupados. O que era diferente nos filmes que evocavam adolescências mais recentes era uma violência maior, um número maior de comportamentos autodestrutivos e a onipresença das drogas. Mas não idealizemos demais o passado. Em meu país não era nada fácil para um rapaz ter dezoito anos em 1914, quando eram enviados para morrer na linha de frente, na guerra, ou em 1940, durante a debandada diante do exército alemão, ou ainda nos anos 50, quando eram mandados para as guerras coloniais. E, para uma moça, também não era fácil viver com meios de contracepção improvisados, ter de recorrer a abortos clandestinos arriscando sua vida, e com o perigo de prisão, não ter direito ao voto e levar, em todos os campos, uma existência de segundo plano. Pelo menos já não estamos mais neste ponto. Deixo para vocês, mais uma vez, a tarefa de fazer a transposição. A vida de um rapaz ou de uma moça, em muitos países da América Latina, em vários momentos do século XX, também não foi um mar de rosas.

Vendo esses filmes, encontrei também outra coisa: a adolescência, em todas as épocas, tanto para rapazes como para moças de todas as categorias sociais e de todos os países, é também um momento de "crescimento pulsional", como dizem os psicanalistas; são os anos em que o corpo se transforma radicalmente. As meninas se encontram sob olhares que fazem delas, presas. Os meninos gostariam que seus corpos

As duas vertentes da leitura

crescessem mais rapidamente, a partir do momento em que as meninas começam a olhar para rapazes mais velhos que eles. Todos estão às voltas com emoções, desejos, pulsões, que temem não poder conter. Têm medo deles próprios. Medo do medo que inspiram nos adultos, esses adultos pelos quais se sentem radicalmente incompreendidos. Temem ser os únicos no mundo a sentirem alguma coisa. Acredito que a solidão na adolescência pode ser assustadora, mesmo que se viva frequentemente em grupo. Este, muitas vezes impiedoso, obriga o adolescente a dissimular, a nunca deixar a máscara, pois todos garantem sua segurança às custas daquele que demonstra uma fraqueza.

Temos então um mundo exterior sentido como hostil, excludente, que deixa pouco espaço (e, de fato, as gerações mais velhas veem de forma muito ambivalente esses rivais em potencial). E temos também um mundo interior estranho, inquietante. Uma idade das mais desconfortáveis, mas também das mais exaltantes e, às vezes, das mais exaltadas, pois é nela que o radicalismo das pulsões se faz sentir também nos ideais.

Idade em que não sabemos como nos definir. E em que sentimos medo das definições. É um momento em que precisaríamos estar informados, mais do que em qualquer outro, sobre o chão em que pisamos. E encontrar palavras que, no fundo, mostrem que estamos apenas experimentando afetos, tensões e angústias universais, ainda que estas tomem aspectos muito diferentes, conforme se tenha nascido menino ou menina, rico ou pobre, habitante deste ou daquele canto do mundo.

No momento de redigir este projeto de pesquisa, também assisti a um programa de televisão que havia gravado há algum tempo, pois tinha me impressionado. Era sobre um cantor de rap muito conhecido na França, chamado MC Solaar. Este, um adolescente originário do Chade, crescido na periferia, contava como um dia, em Paris, havia entrado "em um tesouro, uma grande biblioteca onde não somos dirigidos por obrigações escolares, onde podemos escolher o livro, o jornal que quisermos, ver microfilmes, filmes... Podemos levar o tempo que for. E depois, podemos escolher, tem muitas coisas que não encontramos na escola".[27] Voltou ali, tomou gosto por escritores, principalmente por escritores difíceis. E foi ali que se tornou, como dizia, um "toureiro lexical", um domador de palavras, um louco pela língua, a qual subverteu, a sua maneira.

Tal como o escritor antilhano Chamoiseau, tal como o prisioneiro do qual ele falava e tal como o filósofo Jacques Derrida, MC Solaar tinha inventado sua própria maneira de dizer, sua própria maneira de cantar, mergulhando, dia após dia, nos livros dos outros.

Escrevi a introdução do projeto de pesquisa com a história deste cantor e expliquei que pensávamos analisar trajetos singulares, insistindo nesta dimensão da *apropriação*, nestes encontros, nestes diálogos com os textos. E que queríamos identificar, nesses trajetos singulares, todos os tipos de *deslocamento* que a leitura e a biblioteca possibilitam. Estávamos então na segunda vertente da leitura. Digo "nós" porque éramos cinco pesquisadoras com formações diferentes. Vou nomeá-las, como fazem os cantores em seus espetáculos para apresentar os músicos pois, sem estes, não estariam ali: Chantal Balley e Raymonde Ladefroux, geógrafas; Gladys Andrade, sociolinguista; Isabelle Rossignol, que tinha terminado uma tese sobre os ateliês de escrita, e eu, que faço uma abordagem mais antropológica.

Nosso projeto foi selecionado e estudamos, então, qual poderia ser a contribuição das bibliotecas públicas na luta contra os processos de exclusão e marginalização, analisando, não como os jovens recebiam ou não uma chuva de bons tex-

---

[27] Entrevista realizada para o programa *Fréquenstar*, M6, em 1993.

As duas vertentes da leitura

tos destinados a garantir sua adequação a uma suposta "identidade francesa", mas como alguns se apropriavam ativamente do conteúdo de uma biblioteca, o que faziam com ele, e o que aquilo mudava em suas vidas.

Para mim era muito importante, desde antes desta pesquisa sobre a leitura, não dissociar o "social" dos "seres particulares e inteligentes"[28] que o compõem. Meu itinerário intelectual e pessoal tinha sido profundamente marcado por meu encontro com a psicanálise. Aprendi que, embora os determinismos sociais e familiares pesem muito, cada destino é também uma história particular, constituída de uma memória e de suas lacunas, de acontecimentos, de encontros, de movimento. Cada um de nós não está apenas ligado a um grupo, um espaço ou um lugar na ordem social, do qual propagamos os traços, gostos, maneiras de fazer e de pensar característicos de sua classe ou de seu grupo étnico. Ele, ou ela, se constrói de maneira singular e tenta criar, com as armas que possui, com maior ou menor êxito, um espaço em que encontre seu lugar; trata de elaborar uma relação com o mundo, com os outros, que dê sentido a sua vida.

Parecia-me então que, se a integração social ou a marginalização resultavam de transformações estruturais em larga escala, esses processos se desdobravam, entretanto, em trajetos particulares. No decorrer desses trajetos, havia um jogo de tempos diferentes, longos e curtos. Por exemplo, existem linhas divisórias entre categorias sociais ou estigmatizações com relação a este ou aquele grupo social, com as quais, às vezes, é preciso lidar a vida inteira. Ou existem histórias de família que são contadas e outras sobre as quais se faz silêncio; existem papéis atribuídos aos irmãos; maneiras de dizer ou de fazer; representações e gostos herdados, que pesam por muito tempo. Mas existem também descontinuidades,

---

[28] A expressão é de Montesquieu.

momentos-chave, nos dois sentidos, seja porque se tenha desistido de tudo, seja porque, ao contrário, se tenha aproveitado uma ocasião, uma oportunidade proporcionada por um encontro, para mudar um pouco a vida e reorganizar seu ponto de vista.

Repito que é sempre na intersubjetividade que os seres humanos se constituem, e suas trajetórias podem mudar de rumo depois de algum encontro. Esses encontros, essas interações, às vezes são proporcionados por uma biblioteca, quer seja um encontro com um bibliotecário, com outros usuários ou com um escritor que esteja de passagem. Podem ser também, certamente, encontros com os objetos que ali se encontram. Com algo que se aprende. Ou com a voz de um poeta, com o espanto de um erudito ou de um viajante, com o gesto de um pintor, que podem ser redescobertos e compartilhados de uma maneira muito ampla, mas que nos toca de forma individual.

A experiência da psicanálise ensinou-me também que o que determina em grande medida a vida dos seres humanos é o peso das palavras ou o peso de sua ausência. Por isso aproveitei esta oportunidade de trabalhar com a leitura e a relação com os livros, tendo em mente que seria uma vereda privilegiada para analisar em que medida, e de que modo, ao reorganizar um universo simbólico, um universo linguístico, ao reencontrar um pouco de jogo no uso da língua, poderíamos nos abrir para outros deslocamentos.

De fato, como veremos no próximo encontro, a leitura e a biblioteca podem contribuir para verdadeiras recomposições da identidade. É claro que identidade não é entendida aqui como algo fixo, parado em uma imagem, mas ao contrário, como um processo aberto, inacabado, uma conjunção de traços múltiplos, sempre em transformação. Essas recomposições ocorrem numa relação com o que "está aí", o conteúdo de uma biblioteca, uma cultura, um patrimônio. Porém, não se trata de um patrimônio imutável, petrificado, ao

As duas vertentes da leitura

qual nos submetemos passivamente, para nos conformarmos às normas.

No fundo, o que estava no âmago da pesquisa era tudo o que, no fato de frequentar uma biblioteca e ler, contribui para que nos tornemos um pouco mais agentes de nossas vidas. Tudo o que nos permite encontrar uma margem de jogo no xadrez da sociedade. Tudo o que proporciona uma distância crítica, uma compreensão de si mesmo, do outro, do mundo. Tudo o que permite abrir um pouco o espaço das possibilidades e assim encontrar um lugar — mas um lugar em um mundo, em uma sociedade que transformamos um pouco, onde temos nossa parte, onde nos inscrevemos.

Estava também convencida de que a elaboração de uma identidade própria, singular, que a leitura favorecia, era a única maneira capaz de permitir o acesso a outras formas de sociabilidade diferentes das que consideramos preocupantes nos bairros "difíceis". E que ela podia constituir um fundamento da cidadania, desse direito de participar ativamente das diferentes dimensões da vida social, de ter uma opinião atuante. Isso feito, que pudesse então contribuir para dar um conteúdo vivo à democracia.

Situar-se do lado dos leitores requeria também uma metodologia. Mais uma vez, foi do lado da singularidade, não da representatividade, que situamos esta pesquisa: ouvimos, um por um, jovens cujas vidas, num momento ou noutro, em uma esfera ou em outra, haviam mudado devido a uma biblioteca. No total, ouvimos noventa deles, em entrevistas que muitas vezes duraram mais de duas horas: com idades entre quinze e um pouco mais de trinta anos, esses jovens moram em seis cidades localizadas em diferentes contextos econômicos, sociais e espaciais. Então, pode-se dizer que são "atípicos", pois se encontram entre eles muitos bons alunos ou personalidades fortes. Mas o que faz a história, em geral, são as defasagens entre os processos sociais em larga escala e os movimentos singulares.

Queríamos que essas entrevistas fossem muito livres, abertas, particularmente às digressões imprevistas. Pois o essencial ao se fazer uma entrevista é ser o mais acolhedor possível. As digressões que nem sempre têm uma ligação aparente com o assunto são, na realidade, associações livres que fazem sentido. E a partir do que diziam nossos interlocutores, do que parecia organizar sua forma de falar, improvisávamos perguntas em função de hipóteses que surgiam *in situ*, e nas quais entrava uma dose de intuição. E é preferível esquecer um tema listado no roteiro inicial a não escutar o imprevisto. Aliás, sempre deixo de lado esse roteiro no momento da entrevista. Senão, nada se aprende além do que já se sabia. Uma entrevista não é um questionário.

Não se deve tomar as pessoas por imbecis. Se desde o início enuncia-se o tema de uma pesquisa, os entrevistados compreendem, e o que expõem tem, mais ou menos, relação com o assunto. Possuem um saber sobre si mesmos, sobre suas experiências, e é deles que o pesquisador obtém o seu saber. Disse-lhes agora há pouco que, ao escutar esses jovens, compreendi melhor o que está em jogo na leitura. Isso não quer dizer que dei como favas contadas tudo o que me diziam. Mas recuso-me a adotar essa postura de suspeita sistemática que esteve muito tempo em voga nas ciências sociais. Como acredito também que devemos ficar atentos à singularidade, evitar reduzir o outro a um "exemplo" ambulante, a uma "amostra representativa" encarnada.

Essas entrevistas foram gravadas e depois transcritas na íntegra, o que resultou em 1.500 páginas, em espaço simples, de material para analisar. A análise foi feita inicialmente por meio de uma "leitura flutuante" que permitiu identificar temas inesperados, palavras surpreendentes e deixar que as relações surgissem. Uma outra leitura, mais sistemática, foi baseada em diferentes anotações.

Além disso, as entrevistas foram completadas com a observação das diferentes bibliotecas, no que diz respeito à organização dos espaços, de seus acervos, e à maneira como funcionam. Também conversamos longamente com os bibliotecários e com pessoas que desempenham um papel particular nesses bairros, seja por suas atividades, seu trabalho ou seu engajamento em alguma associação. E estudamos a história econômica, social, cultural, política, própria de cada lugar em que pesquisamos.

Tudo isso nos permitiu entender melhor a participação das bibliotecas nos campos em que já desempenham um papel tangível na luta contra os processos de exclusão e marginalização. Mas também permitiu identificar âmbitos em que certos usos menos visíveis, mais "selvagens", destas bibliotecas, indicam que talvez elas possam ampliar seu campo de ação.

Por isso minha apresentação nos próximos dias irá se apoiar em grande parte sobre esse trabalho. Não gostaria de antecipar os temas de amanhã. Mas vocês poderão observar que, para os jovens, como eu disse, muita coisa está em jogo na leitura. E que há um domínio no qual, para eles, o livro supera o audiovisual: o domínio que se abre para o sonho e que permite construir-se a si mesmo. A leitura pode até mesmo tornar-se vital quando sentem que alguma coisa os singulariza; uma dificuldade afetiva, a solidão, uma hipersensibilidade — todas essas situações que são partilhadas por muita gente, mas são tantas vezes negadas. Os livros se oferecem a eles, e mais ainda a elas, quando tudo parece estar fechado: suas feridas e suas esperanças secretas, outros souberam dizê-las, com palavras que os libertam, que revelam algo que eles, ou elas, ainda não sabiam que eram.

Ler é portanto a oportunidade de encontrar um tempo para si mesmo, de forma clandestina ou discreta, tempo de imaginar outras possibilidades e reforçar o espírito crítico. De obter uma certa distância, um certo "jogo" em relação aos modos de pensar e viver de seus próximos. Poder conjugar suas relações de inclusão quando se encontram entre duas culturas, em vez de travar uma batalha em seu coração. Em termos mais gerais, é um atalho que leva à elaboração de uma identidade singular, aberta, em movimento, evitando que se precipitem nos modelos preestabelecidos de identidade que asseguram seu pertencimento integral a um grupo, uma seita, uma etnia.

A seus olhos, o "livro" por excelência é o romance, que permite abrir seu imaginário, ampliar o repertório das identificações possíveis, e se deixar levar pelo devaneio subjetivo de um escritor. Mas também podem encontrar palavras que os acolhem nos textos mais diversos. Caçam furtivamente nos textos, buscando algo que os toque independentemente das categorias, das classificações convencionais, das linhas de divisão entre gêneros mais ou menos legítimos. As divisões que estabelecem uma oposição entre leituras "úteis" e leituras de "distração" não valem mais: eles podem se divertir com o movimento das estrelas, e pensar que seja infinitamente "útil" e precioso descobrir palavras que dão voz a seus medos ocultos ou um sentido à sua vida.

Também são igualmente imprevisíveis na forma como recebem um texto: deslizam sua fantasia entre as linhas, deturpam seu sentido. Muitas vezes, extraem apenas alguns fragmentos, uma frase, uma metáfora, que copiam ou esquecem rapidamente, mas que de todo modo deslocam o ponto de vista a partir do qual se pensam ou pensam sua relação com o mundo.

Esses são alguns dos aspectos que abordaremos amanhã. Gostaria de acrescentar que os jovens não são marcianos e que, como eu ou vocês, têm uma grande necessidade de saber, uma necessidade de se expressar bem, e de expressar bem o que eles são, uma necessidade de histórias que constitui nossa especificidade humana. Têm uma exigência poética, uma necessidade de sonhar, imaginar, encontrar sentido, se pensar, pensar sua história singular de rapaz ou moça dotado de um corpo sexuado e frágil, de um coração impetuoso e hesitante, de impulsos e sentimentos contraditórios que integram com dificuldade, de uma história familiar complexa que muitas vezes contém lacunas. Sentem curiosidade por este mundo contemporâneo no qual se veem confrontados a tantas adversidades, e que lhes deixa muito pouco espaço. Também têm, como vocês verão, um grande desejo de serem ouvidos, reconhecidos; um grande desejo de troca e de encontros personalizados.

Quanto a especular quais seriam suas "necessidades" ou expectativas, quanto a traduzir essas "necessidades" em termos de leituras, eu diria, desde já, que não se deve confundir desejo e necessidade, nem reduzir o desejo a uma necessidade, porque de outra forma, a acreditarmos na psicanálise, estaremos fabricando anoréxicos. Um escritor, um bibliotecário ou um professor não conhece os jovens a partir do que imagina serem suas "necessidades" ou suas expectativas, mas deixando-se trabalhar por seu próprio desejo, por seu próprio inconsciente, pelo adolescente ou criança que foi. Deixando-se também trabalhar pelas questões do tempo presente. Teremos a oportunidade de voltar a este tema. Citarei apenas uma última frase, de um psicanalista, Daniel Sibony:

> "O adolescente não é um animal que nasce por volta dos doze anos e desaparece aos vinte. Não é uma entidade que se pode limitar, objetivar, mas um processo em que a própria pessoa se vê envolvida".[29]

---

[29] Daniel Sibony, *Entre deux. L'origine en partage*, Paris, Seuil, 1991, p. 242.

Segundo encontro

O QUE ESTÁ EM JOGO
NA LEITURA HOJE EM DIA

Como introdução a este assunto, gostaria de evocar dois jovens que encontramos durante uma das pesquisas que comentei ontem, sobre os bairros urbanos marginalizados. O primeiro chama-se Ridha, que já mencionei. Ele tem 22 anos, seus pais deixaram a Argélia e vieram para a França nos anos 1960:

"Eu tinha um livro que reencontrei aqui [na biblioteca municipal], o que me deu muito prazer. Está um pouco estragado, mas, ao tocá-lo, senti uma sensação estranha. Há lembranças que se perdem mas que recuperamos quando tocamos em alguma coisa. O que me aconteceu em primeiro lugar foi ter o prazer de me rever pequeno; não tenho fotos de mim. Mas era ainda mais emocionante que uma foto, acho. É como encontrar também uma referência. Um caminho, um rastro em um trajeto. Experimentamos uma sensação boa mas, em algum lugar, experimentamos algo mais forte: é ser dono de seu destino".

O que Ridha revela ao lembrar do momento em que, por acaso, entre as estantes de uma biblioteca, reencontrou a criança que tinha sido, é que o que está em jogo é a própria identidade daqueles que se aproximam dos livros, da sua maneira de se representar a si mesmos, de tomar as rédeas de seu destino; algo que, acredito, teremos a oportunidade de ver ao longo desta exposição.

Compreendemos isto na fala do segundo rapaz que gostaria de citar. Chama-se Daoud, é de origem senegalesa e tem uns vinte anos:

"Quando moramos na periferia, estamos destinados a ter uma escola ruim, um péssimo trabalho. Há uma porção de acontecimentos que nos fazem seguir numa certa direção. Mas eu soube me esquivar desse caminho, tornar-me anticonformista, ir em outra direção, é esse o meu lugar... Os que vagam pelas ruas fazem aquilo que a sociedade espera que façam e é tudo. São violentos, vulgares e incultos. Dizem: 'Vivo na periferia, sou assim', e eu era como eles. O fato de existirem bibliotecas como esta me permitiu entrar aqui, conhecer outras pessoas. Uma biblioteca serve para isso [...]. Eu escolhi a minha vida e eles não tiveram escolha".

Neste caso, de maneira muito explícita, é seu próprio destino que o rapaz considera ter sido transformado depois de seu encontro com uma biblioteca e com os bens ou as pessoas que conheceu ali; foi o que lhe permitiu se afastar do caminho já traçado, que o levava direto a um beco sem saída.

Por que ler é importante? Por que a leitura não é uma atividade anódina, um lazer como outro qualquer? Por que a escassa prática da leitura em certas regiões, em certos bairros, ainda que não chegue ao iletrismo contribui para torná-los mais frágeis? E no sentido inverso: de que maneira a leitura pode se tornar um componente de afirmação pessoal e de desenvolvimento para um bairro, uma região ou um país? De várias maneiras, por diversos ângulos, em diferentes registros. É justamente essa pluralidade de registros que me parece importante. A verdadeira democratização da leitura é poder ter acesso, se desejarmos, à totalidade da experiência da leitura, em seus diferentes registros. É claro que é um pouco artificial distinguir esses registros entre si, pois muitas vezes estão ligados uns aos outros. No entanto, vamos tentar.

TER ACESSO AO SABER

O primeiro aspecto, o mais conhecido, é o de que a leitura é um meio para se ter acesso ao saber, aos conhecimentos formais e, sendo assim, pode modificar as linhas de nosso destino escolar, profissional e social.

Muitos rapazes e moças que vivem em bairros marginalizados mencionaram esse aspecto e falaram da importância que tinham para eles a leitura e as bibliotecas como meio de acesso ao conhecimento. Por exemplo, Mourad: "Quem entra em uma biblioteca é porque quer saber das coisas. É porque quer ler. É porque quer aprender". Ou Wassila:

> "A biblioteca representa o lugar do saber, pois possui muitos livros sobre os conhecimentos históricos, científicos, matemáticos e astronômicos. Encontra-se também a arte em geral, a pintura, a escultura [...]. O saber equivale à liberdade pois dificilmente podemos nos deixar enganar".

Quando entrevistávamos a população rural, esse também era um tema que surgia com frequência: "Os livros são o saber, são o que eu gostaria de saber".

Para a grande maioria dos jovens dos bairros marginalizados, o saber é o que lhes dá apoio em seu percurso escolar e lhes permite constituir um capital cultural graças ao qual terão um pouco mais de oportunidade para conseguir um emprego. E a biblioteca é um lugar onde é possível encontrar documentos e livros de consulta ausentes em suas casas, para que possam preparar uma exposição ou uma monografia. Pois, se algumas famílias compram uma enciclopédia para as crianças, na maioria das casas, os livros são um objeto raro ou até inexistente. "Na escola", diz Hocine, "nos pedem as coisas e não sabemos sobre elas, é preciso procurar em algum lugar e as bibliotecas estão aí."

Ler em casa, quando se conta com os meios para isso, ou na biblioteca, é também uma maneira de complementar o aprendizado da escola e dos livros escolares, graças a outras fontes de informação que permitem entender melhor os assuntos tratados. Como diz um rapaz: "Na escola, nos livros, não está tudo muito bem explicado, então vamos à biblioteca ver se tem alguma coisa mais simples". Pode também servir para aprofundar um curso que lhes tenha interessado, já que às vezes podem contar com os conselhos de um profissional, e também porque ali encontram um ambiente propício aos estudos, um lugar calmo onde reina uma certa disciplina; um lugar onde se incentivam uns aos outros, às vezes pelo simples fato de verem o outro trabalhar. Vamos ouvir esse rapaz:

> "Isso me motivava, porque via as pessoas em volta de mim. Ao mesmo tempo tinha um pouco de tranquilidade, porque tinha gente que vigiava. Era tudo que eu queria para trabalhar... Queria sempre ter esse contato com os outros, buscava essa motivação nos outros e não em mim... Lá, todas as pessoas que vinham, vinham para trabalhar".

Também encontramos essa busca do saber nas práticas autodidatas, que se observam, em particular, entre aqueles que interromperam seus estudos ou que fizeram um curso técnico. Para alguns de nossos entrevistados, ler e ir à biblioteca acompanha "naturalmente" cada trabalho, cada projeto. É o caso de Christian:

"Há mais ou menos dois anos, passei três meses no Senegal em um programa do município, para um encontro de cidades-irmãs. E, antes disso, fui à biblioteca pois precisava encontrar livros sobre o Senegal. O projeto consistia em cultivar hortaliças... e tudo o que fazia parte da horticultura — legumes, berinjelas, batatas; eu não sabia muito bem como plantar, por sorte tinha lido um pouco a esse respeito nos livros da biblioteca [...]. Depois, comecei a estudar floricultura. Assim, precisei de muitos livros, principalmente para as palavras em latim etc. Utilizei os livros da biblioteca. Hoje alcancei meu objetivo, pois obtive meu Certificado de Aptidão Profissional. É preciso dizer que isso, para mim, é importante, porque tive problemas escolares e isso permitiu me integrar em uma educação profissional. Hoje em dia me interesso muito pelo problema da gestão da água. Por isso, o último livro que fui procurar era sobre as questões técnicas da água".

Por meio da leitura, alguns obtiveram informações sobre as profissões, sobre os cursos de formação (como Guillaume, por exemplo, que leu a respeito da profissão de treinador esportivo "praticamente todos os livros que tem aqui. Eu já conhecia o assunto, ajudou-me a aprofundar meus conhecimentos"). Florian, de sua parte, foi consultar livros para procurar um emprego:

"Estão muito bem documentados, inclusive tem uma seção só para empregos, especializada. Nessa seção, tem diferentes entradas temáticas: a candidatura, os métodos, os *curriculum vitae*, os testes psicológicos, grafológicos, as instituições de formação... Tem também a formação complementar, como as línguas".

Há outros que concluíram seu percurso escolar e continuam lendo e frequentando a biblioteca para se informarem

O que está em jogo na leitura hoje em dia

sobre a vida cotidiana. Os livros de cozinha, as revistas e os livros de bricolagem são muitas vezes mencionados pelos jovens. A biblioteca pode ser a salvação da mulher solteira, como no caso de Laure: "O que mais me interessa é a decoração, tudo o que pode ser mais ou menos feito à mão, porque moro sozinha e é verdade que a gente se sente um pouco de mãos atadas". Ou ainda da jovem que educa seus filhos, como Magali: "Peguei emprestadas muitas revistas para ajudar-me na educação de meu filho, ou sobre trabalhos manuais, jardinagem; também adoro as revistas que falam um pouco de tudo, reportagens sobre a natureza". Magali também consultou alguns livros "quando esperava meu segundo filho, sobre o desenvolvimento da criança. Disse para mim mesma: bom, minha filha vai me fazer perguntas, então preciso estar informada; vim consultar, peguei alguns livros. Acho idiota ignorar estes assuntos". Haljéa consulta o *Vidal* [uma lista de medicamentos disponíveis no mercado, utilizada habitualmente por médicos e farmacêuticos]: "Muitas vezes, não sei para que servem os medicamentos, jogaram fora a bula. Eu venho, procuro e encontro no *Vidal*. Isso me interessa muito".

Formação, preparação de um projeto, conhecimento necessário para a vida cotidiana... as implicações desses aprendizados adquiridos por conta própria, por meio de leituras feitas em casa ou em uma biblioteca, são múltiplas.

Em qualquer idade, ler para ter acesso ao saber pode permitir que a pessoa mantenha um pouco o domínio sobre um mundo tão inconstante, sobretudo por meio de diversos suportes de informação escrita. Darei um exemplo do meio rural, de um viticultor, secretário do prefeito de uma pequena cidade, que fala da leitura vinculada à aquisição de todas as informações necessárias à gestão de sua cidade:

"Na prefeitura existe uma boa quantidade de livros; recebemos muitas revistas que falam da vida política, da evolução das leis, do que se faz na região; isso nos dá uma ideia do que está acontecendo. Passamos uma hora por noite lendo... Isso nos coloca a par das coisas. Não temos dúvida de que é preciso estar bem informado".

No passado, muitos saberes podiam ser transmitidos sem o auxílio da escrita. As pessoas aprendiam de uma só vez as ações que iriam repetir por toda a vida. Hoje em dia está cada vez mais difícil ficar distante da escrita e é cada vez mais imprescindível poder, no decorrer da vida, iniciar-se em novas técnicas e em novos campos. Além disso, é bom lembrar que não se adquire um saber apenas para fins de uso imediato, prático. Pode ser também um meio para não se sentir "bobo", não ficar à margem de seu tempo. E isto é algo que se observa tanto no meio rural como no meio urbano marginalizado: "Aprendi a não ser boba e ficar sem resposta", diz Zohra. E Philippe: "A leitura permite estar a par de tudo e não parecer bobo diante dos outros. É sobretudo isso... É preciso saber o que está acontecendo, senão parecemos bobos".

O saber acumulado pode ainda ser uma maneira de iniciar uma conversação, ou até mesmo seduzir: "Aprendemos coisas e assim temos mais assuntos para conversar", diz Frédéric. E Sophie: "Te dá ideias para conversar. Quando falamos de leitura, de livros... na última vez comecei a namorar alguém assim!".

Porém, essas investigações raramente são apenas utilitárias, com fins profissionais ou sociais. Muitas vezes o saber é considerado como a chave para se alcançar a dignidade e a liberdade. E a busca de sentido também não se encontra muito distante. Apropriar-se dos conhecimentos por meio do estudo da história, das ciências da vida, da astronomia, é um modo de participar do mundo, de compreendê-lo melhor, de encontrar um espaço nele. Neste primeiro registro de leitura coexistem, então, aprendizados estritamente funcionais, induzidos pela demanda escolar, pelo exercício da profissão e pelas necessidades da vida cotidiana; e aprendizados em que entra a curiosidade pessoal, onde se esboça um questionamento próprio.

APROPRIAR-SE DA LÍNGUA

Segundo aspecto da leitura, que é evocado com frequência: a leitura é também uma via privilegiada para se ter acesso a um uso mais desenvolto da língua; essa língua que pode representar uma terrível barreira social.

Entre os jovens dos bairros urbanos marginalizados, muitos foram os que mencionaram o papel que a leitura pode desempenhar na aquisição de um conhecimento mais profundo da língua. Observemos, por outro lado, que muitos desses jovens, cujos pais nasceram na França ou em outros países, têm um gosto concreto pela língua, como por exemplo, Frédéric: "Acho que o vocabulário não é rico o bastante. Acho também que a língua é bonita, cheia de sonoridades. Vocês têm palavras horríveis como *carnage* [carnificina], mas que, quando são pronunciadas, ficam bonitas". Ou para Mourad, um rapaz de quinze anos, fascinado pela época da Revolução Francesa: "Gosto muito, sobretudo da linguagem: muito elegante. Nada a ver com hoje em dia. Uma superlinguagem". Pilar sente o mesmo fascínio pelo falar e escrever bem: "A palavra é algo muito importante; a escrita é algo tão importante que quando não a temos, somos animais. Aquele que domina a escrita é necessariamente alguém que registra na memória sua experiência de vida e pode transmiti-la".

Passaporte essencial para encontrar um lugar na sociedade, essa língua difere das faladas em família e na rua e conhecê-la bem assegura um certo prestígio. Vamos ouvir Malik:

"O francês que falo com um colega de classe não é o mesmo que falo com meus amigos ou com minha família. Não é a mesma linguagem... Para mim são realmente duas línguas... na realidade, tenho duas línguas. Quando quero escrever em bom francês, às vezes tenho dificuldade para encontrar a formulação exata pois tenho uma tendência a deformá-la como a deformamos na rua. Com meus amigos, às vezes não consigo evitar o uso de palavras complicadas: vejam, temos aqui um pretensioso, dizem".

Ouçamos também Manu: "Quando falo com meus colegas, às vezes gosto de utilizar um vocabulário mais literário, e me olham espantados; isso me dá prazer como se eu fosse melhor que eles".

Ao se praticar a leitura, melhora-se o conhecimento da língua, em particular da língua escrita? Entre os jovens que conhecemos, as apreciações são contraditórias. Eles estabelecem uma diferença entre "bom aluno de francês" e "bom leitor". Afida, por exemplo, não viu seu francês melhorar na escola, mesmo devorando livros. Manu, ao contrário, é categórico: ler o ajudou muito nesse campo, e mais ainda nos estudos: "Todos os estudos se baseiam nisso. Tudo o que nos ensinam, nos ensinam em francês, então é preciso dominar bem a língua". Jean-Michel é mais ponderado: "Gosto muito de literatura, gosto de redação, mas sou sempre uma negação em ortografia [é bom lembrar que a ortografia do francês é particularmente complexa]. No entanto, do ponto de vista da sintaxe, estou muito contente porque, a cada ano, faço mais progressos".

Na realidade, se acreditarmos em certos estudos, a prática da leitura não constitui necessariamente uma garantia de sucesso escolar para os jovens franceses. Mas talvez seja diferente para os jovens imigrados. Ouçamos Pilar, cujos pais são espanhóis: "Lembro-me muito bem do esforço que eu fazia para construir bem as frases, para ter um vocabulário cada vez mais rico. E nisso, estou segura de que o livro foi algo que me ajudou enormemente". E Mounir:

"Havia dois tipos: os livros que eu pegava para a escola e outros para mim, que me proporcionavam uma certa abertura de espírito, um enriquecimento do vocabulário, da minha maneira de falar; isso me ajudou muito nas redações e nas dissertações. O enriquecimento do vocabulário me deixava mais à vontade diante de uma folha em branco".

Esse rapaz falou da desvantagem que representa a ausência de um "capital cultural legítimo", para falar como o sociólogo Bourdieu, e do papel que a leitura e a biblioteca desempenharam para vencer essa desvantagem, em uma estratégia deliberada de recuperação:

"No começo, não tive dificuldades. Foi depois, quando passei para o ensino médio. Havia outras pessoas, de um outro tipo de família, principalmente de famílias francesas, de classes sociais... digamos... onde os pais eram professores ou pesquisadores etc., e vi a distância entre mim e eles! Havia uma grande distância em relação à cultura, a seus conhecimentos. Fiz de tudo para alcançá-los — e consegui —, mas fica alguma coisa na maneira de se expressar, na extensão do vocabulário para as redações".

Porém, apropriar-se da língua, utilizá-la com mais desenvoltura, vai além, certamente, da questão de uma melhora no nível do francês na escola, ou da continuação do percurso escolar. Ousar tomar a palavra, pegar na pena, são gestos próprios de uma cidadania ativa, como veremos a partir de exemplos que tomarei emprestado da pesquisa sobre a leitura em meio rural, onde o tema da língua como barreira social foi também mencionado com frequência.

Citarei um camponês, Léonce Chaleil, que escreveu um livro intitulado *Memória do povoado*, onde diz: "Não ter instrução é também ser atormentado por todos os aborrecimentos desse mundo que é o mundo da burocracia. Nos escritórios, expressava-me mal, era tímido. Posso afirmar que um camponês prefere trabalhar dois dias a ficar dez minutos em um escritório".[30]

A evocação da dificuldade em adquirir uma prática desenvolta da língua foi um tema recorrente entre nossos interlocutores do campo. Ouçamos, por exemplo, como Roger, um agricultor autodidata que adora ler, fala das reuniões de pais de alunos das quais participava:

> "Nas reuniões, sentia-me pequeno, era muito tímido [...]. Comecei a tentar compreender, sobretudo escutar, durante um ou dois anos, e um dia disse para mim mesmo: 'É preciso tomar a palavra'. Talvez tenha gaguejado, falei e fiquei vermelho [...]. Assim, pouco a pouco, aprendi a me educar. Fiquei durante nove anos no conselho de pais de alunos da escola. Nos três últimos anos participei do conselho de administração como representante dos pais de alunos. Estavam ali o senhor Deputado, o senhor Prefeito e o Conselheiro Geral. Aprende-se muito, quando se é obrigado a falar e não se pode dizer bobagens [...]. Em francês, vá lá, eu me viro, não cometo muitos erros; mas é preciso dizer também que a leitura contribui em alguma coisa: quando escrevo um discurso, se não me lembro de algo [...] vocês sabem, existem tantas palavras em francês, têm no mínimo quatro ou cinco para dizer algo, não é difícil [...]. Se procuro

---

[30] Léonce Chaleil, *La Mémoire du village*, Paris, Stock, 1997, p. 314.

O que está em jogo na leitura hoje em dia

uma inspiração para uma palavra, recorro a Louis Nucera [um escritor francês contemporâneo]: com as descrições que há ali, me surpreenderia se não achasse algo em menos de dois minutos".

E nas diferentes regiões rurais encontramos pessoas que liam o dicionário, algumas vezes metodicamente, letra por letra, preocupadas em se expressarem corretamente e enriquecerem seu vocabulário. Além disso, muitos exprimiram o orgulho que sentiam por ter filhos ou sobrinhos que haviam se tornado professores.

Encontramos situações parecidas nos bairros urbanos periféricos, inclusive entre rapazes que rejeitam a escola, mas que são fascinados pelos jogos de palavras dos cantores de rap. Parece-me que sua raiva em relação à cultura e às instituições que a representam é proporcional à fascinação que esta cultura exerce sobre eles; e se algumas vezes cometem atos de violência nas bibliotecas, o primeiro livro "atacado" é, com frequência, o dicionário.

Todas as pessoas que encontramos, do campo ou da cidade, pensam que sem uma certa destreza no uso da língua não existe uma verdadeira cidadania. E que o iletrado é aquele que sempre necessita de assistência. Aquele que, também, ao dispor de poucas palavras, poucas expressões, é o mais frágil diante dos demagogos que fornecem respostas simplistas.

E alguns de nossos interlocutores nos contaram como o fato de ler lhes forneceu justamente as armas para que ousassem tomar a palavra e até para que se rebelassem. Como foi o caso de Loïc, um antigo marinheiro: "Comecei a ler [...] a encarregar-me de 'sua' política: isso zumbia em meus ouvidos". Assim como Roger, o agricultor autodidata que acabei de citar, que busca inspiração para seus discursos nas obras de um escritor. Vemos aí, brevemente, que as formas de expressão literárias podem sugerir que é possível ocupar

70   Os jovens e a leitura

um lugar na língua, inventar uma maneira própria de falar, em vez de ter sempre que recorrer aos outros. Como diz o psicanalista tunisiano Fethi Benslama: "Com a literatura, passamos de uma humanidade feita pelo texto a uma humanidade que faz o texto".[31] Teremos oportunidade de voltar a este tema.

CONSTRUIR-SE A SI PRÓPRIO

Porém, a habilidade desigual para servir-se da linguagem não pressagia somente uma posição mais ou menos elevada na ordem social. A linguagem não pode ser reduzida a um instrumento, tem a ver com a construção de nós mesmos enquanto sujeitos falantes. Já disse antes que o que determina a vida dos seres humanos é em grande medida o peso das palavras, ou o peso de sua ausência. Quanto mais formos capazes de nomear o que vivemos, mais aptos estaremos para vivê-lo e transformá-lo. Enquanto o oposto, a dificuldade de simbolizar, pode vir acompanhado de uma agressividade incontrolada. Quando se é privado de palavras para pensar sobre si mesmo, para expressar sua angústia, sua raiva, suas esperanças, só resta o corpo para falar: seja o corpo que grita com todos seus sintomas, seja o enfrentamento violento de um corpo com outro, a passagem para o ato.

Nesses bairros periféricos não são apenas as construções que estão em más condições, não é somente o tecido social que pode estar em dificuldade. Para muitos que vivem ali, também está danificada a capacidade de simbolizar, de imaginar e, a partir daí, de pensar um pouco por si próprio, em

---

[31] *Pour Rushdie. Cent intellectuels arabes et musulmans pour la liberté d'expression*, Paris, La Découverte/Carrefour des Littératures/Colibri, 1993, p. 90.

O que está em jogo na leitura hoje em dia

si próprio e ter um papel na sociedade. E a construção psíquica, ou a reconstrução psíquica, revelam-se tão importantes como a recuperação dos bairros.

Ora, a leitura pode ser, em todas as idades, justamente um caminho privilegiado para se construir, se pensar, dar um sentido à própria experiência, à própria vida; para dar voz a seu sofrimento, dar forma a seus desejos e sonhos. Falarei do terceiro aspecto da leitura, um aspecto muito rico, mencionado repetidamente por nossos interlocutores. Insistirei um pouco neste tema porque me parece de grande importância e, curiosamente, é muitas vezes desconhecido ou subestimado.

Parece-me ainda mais importante nessa época em que vivemos, de desassossego, de perda das referências que durante muito tempo guiaram nossas vidas. Na França, segundo um estudo recente, um em cada quatro jovens adota condutas de risco e apresenta distúrbios de comportamento. No que diz respeito a condutas de risco, infelizmente a América Latina não fica atrás. E a violência, assim como o crescimento dos fundamentalismos religiosos e da extrema-direita (que na França são motivos de grande preocupação), são atribuíveis não somente à exclusão econômica, mas também à fragilidade do sentimento de identidade. O ódio pelo outro, que se encontra no centro desses desvios, tem a ver com o ódio de si mesmo. E os mais desprovidos de referências culturais são os mais propensos a se deixar seduzir por aqueles que oferecem próteses para a identidade. Para não ficarem reduzidos a se pensar e a se definir em termos unicamente negativos, como excluídos, como desempregados, como habitantes de um bairro estigmatizado etc., podem ficar tentados a se lançar sobre imagens, palavras, que recomponham magicamente os pedaços. E vão reverter sua exclusão, considerando-se inteiramente um francês de raça pura, ou um islamista, ou o adepto de alguma seita, ou membro de um determinado território etc. Vocês também conhecem, imagino — claro que de uma maneira diferente —, essas "febres de identidade", como reação à exclusão e à marginalização.

Diante disso, conhecer-se um pouco melhor, poder pensar-se em sua subjetividade, manter um sentimento de individualidade, adquire uma importância ainda maior, acredito, pelo fato de se ficar menos exposto a uma relação totalizadora com um grupo, uma etnia, uma igreja, uma mesquita ou um território, usada como proteção para as crises de identidade, a marginalização política e econômica. Ao ouvirmos os jovens que conhecemos e que evitaram, em sua maioria, essas armadilhas, percebemos que a leitura e a biblioteca podem contribuir na elaboração de uma representação mais complexa, mais rica, de si mesmos, que protege um pouco de se lançarem neste tipo de ilusão, de ficarem paralisados diante de uma imagem. Ao contrário de outras práticas de lazer que tendem a contribuir para que seus adeptos se fechem em suas tribos, e a confundir a identidade pessoal com o lugar onde vivem, a leitura pode ser uma via privilegiada para inventar um caminho singular, para construir uma identidade aberta, em evolução, não excludente.

Evidentemente, desde a infância a leitura desempenha um papel no campo da construção de si mesmo. Cito novamente Ridha, o jovem de origem argelina que não possui fotos de quando era pequeno. Contou-nos que, num dia de sua infância em que escutava um bibliotecário ler *O livro da selva*, de Kipling, algo dentro dele se abrira: compreendera que existiam outras coisas ao seu redor, que nada era fatal, que podíamos nos tornar outra coisa, podíamos construir uma cabana na selva, encontrar um lugar:

> "Aquilo me agradava, pois *O livro da selva* é um pouco como sobreviver na selva. É o homem que com suas mãos sempre consegue dominar as coisas. O leão pode ser o patrão que não quer te contratar ou as pes-

soas que não te querem etc. E Mowgli constrói uma pequena cabana para si, é como se fosse sua casa, e aí coloca suas marcas. Ele se delimita".

Desde a infância, a leitura pôde, dessa maneira, representar para estes jovens o espaço de abertura para o campo do imaginário, o lugar de expansão do repertório das identificações possíveis, enquanto que os que estavam nas ruas tinham por modelos apenas alguns heróis de filmes de série B, o traficante de drogas se pavoneando em seu BMW e o fundamentalista islâmico.

Na adolescência ou na juventude — e durante toda a vida — os livros também são companheiros que consolam e às vezes neles encontramos palavras que nos permitem expressar o que temos de mais secreto, de mais íntimo. Pois a dificuldade para encontrar um lugar neste mundo não é somente econômica, mas também afetiva, social, sexual e existencial. Há sempre o mito da aldeia ou do bairro acolhedor, mas podemos nos sentir sozinhos tanto em um meio rural como nas periferias de nossas cidades. Vários adolescentes ou jovens adultos que moram nesses lugares mencionaram a dureza das relações, a necessidade de estar sempre na defensiva, o sentimento de não ser compreendido. "Desde pequena, sempre tive amigas de classe, amigas do bairro; agora sou minha única amiga", diz Aziza. E Guo Long: "Não falo com ninguém, falo com a minha consciência. Como dizia o cantor Goldman em alguma canção: 'cinco bilhões de pessoas, mas tantos ausentes'".

Nas cidades, como também no campo, nem sempre se tem alguém com quem dividir as tristezas, as angústias, as esperanças; podem faltar palavras para expressá-las e o pudor pode amordaçar a pessoa. Então, quando estamos na companhia de um livro, às vezes percebemos, para falar como o poeta belga Norge, que "felizmente somos muitos a estarmos sós no mundo". E na literatura, em particular, encontramos palavras de homens e mulheres que permitem dizer o que temos de mais íntimo, que fazem aparecer, à luz do dia, aquele ou aquela que não sabíamos que éramos. Palavras, imagens, nas quais encontramos um lugar, que nos acolhem e que desenham nossos contornos. Palavras que fazem pensar, como dizia Breton em *O amor louco*: "é realmente como se eu estivesse perdido e alguém viesse, repentinamente, me dar notícias de mim mesmo". Textos que revelam a pessoa que lê, "revelar" no sentido de revelar uma foto, que mostram o que até então se encontrava oculto e não podia ser dito.

Encontradas, essas palavras, embora possam a princípio ser perturbadoras, têm também a virtude singular de acalmar, de trazer um alívio. É o que diz Pilar:

> "Por meio do livro, quando temos nossos próprios pensamentos, angústias, enfim, não sei, acredito que o fato de saber que outras pessoas também sentiram o mesmo, o expressaram, é muito importante. Talvez seja porque o outro o diz melhor do que eu. Há uma espécie de força, de vitalidade que emana de mim porque o que ele diz, por *n* razões, eu experimento intensamente".

Ou é o que procura Matoub: "Não quero ser culto, não ligo a mínima, o que me interessa, em relação à literatura, é experimentar uma emoção, sentir-me próximo das outras pessoas capazes de expressar pensamentos que posso ter".

E os livros que foram importantes para o jovem de origem argelina, cujos pais eram analfabetos, foram os de Rimbaud, de Breton, de René Char (um poeta que tem fama de ser muito hermético):

> "Rimbaud me transtornou, provocou em mim uma revolução interior e sensível. Mudou minha maneira de ver as coisas [...]. Devo ter lido a obra integral de Rimbaud pelo menos umas vinte vezes. Meu itinerário, mi-

nha relação com a leitura poderia se resumir em vinte citações. Por exemplo, a frase de Breton: 'A revolta é a única produtora de luzes', é uma frase que contou muito em minha vida. 'É preciso mudar a vida', de Rimbaud, 'É preciso reinventar o amor', são também frases que me marcaram. 'A revolta não tem ancestrais', de Breton, é também alguma coisa que pode ser significativa. De René Char, em *A palavra em arquipélago*, quando fala do imaginário. 'Existe uma única coisa capaz de se opor a esta sociedade: o imaginário, o espaço sensível. O espaço sobre o qual a sociedade não pode exercer nenhum controle'".

Vinte citações com as quais traçou seus contornos. Esse rapaz é louco por literatura e se tornou estudante de Letras. Entre os jovens que entrevistamos, raros foram aqueles que viram sua vida e seu pensamento tão profundamente modificados pelas leituras. Porém há outros, mais numerosos, que encontraram um texto, ou vários, que lhes permitiram achar as palavras para se contar, e contar-se bem. Como Hava, num outro registro, bem diferente: foi ao ler *Cabeça de turco*, cujo título a havia intrigado — um livro escrito por um jornalista alemão que se fez passar por um imigrante —, que ela descobriu a realidade da condição dos imigrantes turcos como seu pai. E foi em Segalen que encontrou as palavras que restituíam a dignidade e a humanidade às pessoas simples. Cito suas palavras: "Victor Segalen, por exemplo, agora que estudo filosofia, me foi útil. Dizia-nos que os sábios não eram pessoas com sinais muito precisos. Eram pessoas comuns que existiam em todos os povos. Podemos encontrá-los em todo lugar". No caso de um jovem homossexual, foi nos relatos de duas atrizes — vítimas, uma de surdez e a outra de nanismo — que encontrou palavras que lhe deram forças para assumir sua própria diferença: "ela é surda-muda e vive assim mesmo, é isso que gosto nela".

Desse modo, são frases, metáforas, extraídas de obras nobres ou humildes, e também, algumas vezes, da letra de alguma canção ou entre os planos de um filme, que puderam mudar o ponto de vista com que estes jovens se representavam a si mesmos. Em sua maioria não são grandes leitores, e foram algumas páginas, fragmentos recolhidos aqui e ali, que os encorajaram a recompor sua forma de representar as coisas. Certamente, a importância da leitura não pode ser avaliada unicamente a partir de cifras, do número de obras lidas ou emprestadas. Às vezes, uma única frase, transportada para um caderno ou para a memória, ou mesmo esquecida, faz com que o mundo fique mais inteligível. Uma única frase que impele aquilo que estava imobilizado em uma imagem e lhe dá vida outra vez, que quebra os estereótipos, clichês aos quais se aderira até então.

Há todo um aspecto qualitativo da leitura que é esquecido com o hábito de avaliar esta atividade unicamente a partir de indicadores numéricos. É possível ser um "leitor pouco ativo" em termos estatísticos, e ter conhecido a experiência da leitura em toda a sua extensão — quero dizer, ter tido acesso a diferentes registros, e ter encontrado, particularmente, em um texto escrito, palavras que o transformaram, algumas vezes muito tempo depois de tê-las lido.

No entanto, ainda hoje, com muita frequência, alguns mediadores do livro, alguns professores e assistentes sociais, gostariam de encerrar os leitores vindos de meios sociais desfavorecidos em leituras consideradas "úteis", ou seja, aquelas que supostamente lhes serviriam de forma imediata em seus estudos ou na procura de um emprego. Ou então lhes concedem algumas leituras de "distração", dois ou três *best-sellers* de baixa qualidade. O resto é reservado à "alta cultura", à elite. Mas com esta classificação em leituras úteis, leituras de distração e de alta cultura, parece-me que passamos ao largo de uma das dimensões essenciais da leitura, mencionadas com frequência pelos leitores quando relembram sua descoberta de textos: seu encontro com as palavras que lhes permitiram simbolizar sua experiência, dar um sentido ao que viviam, construir-se.

Entretanto, não é um luxo poder pensar a própria vida com a ajuda de obras de ficção ou de testemunhos que tocam no mais profundo da experiência humana. De obras que nos ensinam muito sobre nós mesmos, e muito sobre outras vidas, outros países e outras épocas. Parece-me inclusive que seja um direito elementar, uma questão de dignidade.

E é claro que se poderá recorrer outra vez aos livros em outros momentos da vida: se o papel da leitura na construção de si mesmo é particularmente sensível na adolescência e na juventude, pode ser igualmente importante em todos os momentos da vida em que devemos nos reconstruir: quando somos atingidos por uma perda, uma angústia, seja por um luto, uma doença, um desgosto de amor, o desemprego, uma crise, todas as provas de que são constituídos nossos destinos, todas as coisas que afetam negativamente a representação que temos de nós mesmos, o sentido de nossa existência.

Um outro lugar, um outro tempo

Um livro é algo que nos é oferecido, um local hospitaleiro, como havia sentido o jovem que, ao ler *O livro da selva*, compreendeu que ele podia ocupar um lugar na selva. Este tema da hospitalidade do livro, da hospitalidade da língua literária, da literatura como um lar, encontrei-o no último livro de Jorge Semprún, onde ele recorda sua juventude. Ele escreve sobre uma dona de padaria xenófoba que o havia despedido com uma única frase, ironizando seu sotaque de jovem republicano espanhol recém-chegado a Paris. E sobre um texto de Gide que lhe deu uma pátria possível, uma âncora. Cito-o: "A dona da padaria do bulevar Saint-Michel me expulsava da comunidade. André Gide me reintegrava furtivamente. À luz desta prosa que me era oferecida, cruzava clandestinamente as fronteiras para uma terra de asilo possível".[32] Vemos aqui quanto o que está em jogo na apropriação da língua vai muito além da questão do bom desempenho escolar. Ela toca no mais profundo, na possibilidade de pertencer a algum lugar. Com palavras nos perseguem, com outras nos acolhem. Palavras, mas às vezes também imagens: pinturas, se tivermos a sorte de poder contemplá-las, ou fotos, ou ainda essas ilustrações dos livros de literatura para crianças que podem ser tão encantadoras.

Semprún encontra um lugar na língua por meio desse livro; as palavras de Gide lhe dão esse lugar, lhe conferem o direito de estar ali. Sua experiência faz eco a histórias que me contaram alguns jovens que conheci e que pertencem, entretanto, a um meio social totalmente diferente. Os livros, e em particular os de ficção, nos abrem as portas para um outro espaço, para uma outra maneira de pertencer ao mundo. Os escritores nos presenteiam com uma geografia, uma história, uma paisagem onde retomamos o fôlego.

Eles nos abrem as portas também para um outro tempo, em que a capacidade de sonhar tem livre curso e permite imaginar, pensar outras possibilidades. Insisto sempre na importância desta elaboração de um tempo para si mesmo, tempo de disponibilidade, de ócio. Tempo de reflexão, em que se evita a precipitação. Quando lemos, podemos dispor de nosso tempo, em vez de estarmos sempre forçados a nos adaptarmos ao tempo dos outros, ao tempo da publicidade, do *clip*, dos *talk-shows* da televisão, ao ritmo das obrigações escolares, à agitação do recreio, e às vezes até no interior da própria biblioteca, ao ritmo acelerado das visitas guiadas, como

---

[32] *Adieu, vive clarté...*, Paris, Gallimard, 1998, p. 121.

O que está em jogo na leitura hoje em dia

conta uma jovem: "Não gostava quando ia a classe toda porque não tinha tempo de escolher meus livros, não havia tempo: 'Escolham rápido, apressem-se, vamos embora...'. Gosto de fazer as coisas no meu tempo, mas ali [...] preferia ir sozinha ou com meu irmão". Não são apenas os professores que visitam a biblioteca em ritmo acelerado: certos bibliotecários também convidam os usuários a visitar as instalações a passo militar.

No meio rural, várias pessoas também falaram desse outro tempo que a leitura possibilita, o ritmo diferente que ela instaura, como esta senhora: "Na televisão é tudo rápido, a leitura deixa mais espaço para a imaginação do que a imagem. A televisão dá tudo mastigado, não deixa tempo para pensar, não somos habitados pelos personagens, ao passo que quando lemos, repousamos o livro e pensamos nele durante o dia, no que irá acontecer".

Na França, apesar de muitos jovens dedicarem mais tempo a outras atividades do que à leitura de livros, existe um aspecto em que, para eles, o livro supera o audiovisual. É o fato de que o livro abre uma porta para sonhar, ele permite elaborar um mundo próprio. É uma dimensão sobre a qual muitos insistem, principalmente nas camadas mais populares. Na realidade, o que está em jogo com a democratização da leitura é também a possibilidade de habitar o tempo de um modo que seja propício para sonhar, para imaginar. É preciso lembrar que todas as invenções, todas as descobertas são realizadas nos momentos de fantasia, e que, em geral, sem fantasia, não há pensamentos. É o que nos lembra Daoud quando se revolta contra o fato de um grande museu de técnicas e ciências ter suprimido das coleções de sua biblioteca as obras de ficção. Ouçamos o que diz a respeito:

"Na Cidade das Ciências suprimiram todas as obras
de ficção científica alegando que não eram científicas;

esses imbecis... É uma aberração; como querem que os jovens se habituem ao imaginário científico, que queiram construir robôs, se não têm um livro que lhes fale de algo fictício. Eu tenho certeza que obras como as de Júlio Verne inspiraram centenas de carreiras científicas ou de engenharia. A pessoa se faz pelo sonho. Não é abrindo um livro de matemática com fórmulas científicas que ela vai se tornar um cientista. Não, é lendo as histórias do grande Capitão Nemo, seu submarino lutando contra um disco voador, é isso que faz com que a imaginação desperte. Não ao suprimi-lo, alegando não ser sério ou científico. Sendo refratário a isso, se empobrece em vez de enriquecer".

Vou abrir um parênteses aqui para dizer duas palavras sobre o trabalho de uma associação, a ACCES (Ação Cultural Contra as Exclusões e as Segregações),[33] fundada na França pelos psicanalistas René Diatkine, Tony Lainé e Marie Bonnafé, sua atual presidente. Eles partiram da constatação de que uma causa importante de discriminação no acesso à linguagem escrita se deve ao fato de que em algumas famílias o uso da língua é muito limitado, antes mesmo, utilitário, tratando de situações imediatas, enquanto o prazer de jogar com a língua, de contar histórias, não tem lugar. Quando as crianças dessas famílias entram em contato com a escrita, que se desenvolve precisamente no registro da língua do relato, do tempo diferenciado, faltam-lhes pontos de referência, e levam muita desvantagem em relação àqueles que se beneficiam, no seio de suas famílias, de vários registros linguísticos: o registro de utilidade imediata e também o da narração.

Assim sendo, os criadores desta associação tentam reparar esta defasagem ou, sobretudo, preveni-la, explorando des-

---

[33] http://www.acces-lirabebe.fr/fondateurs.htm

O que está em jogo na leitura hoje em dia

de cedo os registros da língua, aproveitando o fato de que, desde os primeiros anos, os bebês sentem uma grande atração pelas histórias e pelos livros. Há vários elementos muito interessantes no seu trajeto. Por exemplo, são muito cuidadosos em relação ao que Marie Bonnafé chama de "demônios da rentabilidade": desconfiam de qualquer desvio "utilitário", de toda recuperação "rentável" do que fazem. Leem histórias às crianças não para que "aprendam" alguma coisa, mas para que sintam a música da língua, que compreendam que nos livros existem histórias que podem levá-las para outros lugares, que podem encantá-las e fazê-las sonhar. E sabem que, em qualquer idade, sem sonho, sem jogos com o imaginário, como dizia há pouco, não existe pensamento.

E acrescento ainda que, por meio dos bebês, eles atingem as mulheres, as mães que, às vezes, no início, são muito reticentes, assustadas com os livros, ou ainda agressivas, na defensiva diante desta cultura letrada que não quis saber delas. E seguindo os passos dos bebês, elas mesmas vão pouco a pouco se abrindo aos livros. É muito importante para essas mulheres porque é algo que as ajudará a sair do isolamento e do aprisionamento em que com frequência se encontram nesses bairros marginalizados. E é muito importante também para as pessoas próximas destas mulheres. Porque as mulheres são, na maior parte do tempo, as agentes do desenvolvimento cultural; terei oportunidade de voltar a este tema mais adiante. Se, ao contrário, somente a criança for sensibilizada, mesmo que tenha sido iniciada no prazer de escutar histórias, ela poderá perder esse prazer mais adiante se em casa tiver uma relação muito ambivalente com o livro. Nada está definitivamente conquistado.

Vocês podem ver, brevemente, o quanto os aspectos da leitura estão entrelaçados, como já disse anteriormente: trata-se aqui da construção de si mesmo, mas também da introdução a um registro de utilização da língua que posteriormente será útil na escola. E ainda da sociabilidade, de tudo o que se pode compartilhar por meio da leitura.

Fecho o parênteses para observar que a imaginação — que é tão importante — teve, durante muito tempo, má reputação: era considerada como um capricho de pequeno-burguês egoísta. E na Europa, o patronato, a Igreja, as elites operárias, todo mundo estava de acordo em afastar os pobres deste tipo de risco, encaminhando-os para as atividades coletivas de lazer devidamente vigiadas e com fins edificantes. A intimidade, a interioridade, o cuidado consigo mesmo, não eram para eles.[34] Mas ainda hoje confunde-se com frequência a elaboração de um mundo pessoal com individualismo. Leitores e sonhadores são considerados insociáveis, até mesmo antissociais. E não cessam de chamá-los à ordem comum. Em quantas famílias os pais não se irritam ao encontrar as crianças com um livro na mão, quando eles mesmos lhes haviam dito repetidas vezes que "era preciso ler"? Quantas turmas não hostilizam aquele que lê, visto como um bajulador, maricas e traidor? Voltaremos também a este assunto amanhã, quando falarei sobre o medo do livro.

No entanto, de modo geral, os jovens que leem literatura, por exemplo, são também os que têm mais curiosidade pelo mundo real, pela atualidade e pelas questões sociais. Longe de afastá-los dos outros, este gesto solitário, introvertido, faz com que descubram o quanto podem estar próximos das outras pessoas. Como para Aziza, ao falar de sua leitura de um relato biográfico:

"O livro me transmitiu mais conhecimentos sobre a Segunda Guerra Mundial, sobre como as pessoas viveram. Estuda-se isso em História, mas nunca é a mesma coisa. Falam-nos das consequências demográficas, porém, não

---

[34] Alain Corbin (org.), *L'Avènement des loisirs, 1850-1960*, Paris, Aubier, 1995.

O que está em jogo na leitura hoje em dia

vivemos essa experiência. Ao ler o relato, eu tinha a impressão de viver a História, com as pessoas. Parece abstrato quando o professor diz: 'Vejam, houve cem mil mortos'. Anota-se um número, e é tudo. Quando li o livro, disse para mim mesma: como puderam viver tudo isso?".

Ela nos lembra que a ciência histórica é composta por vidas anônimas ao passo que o romance, a biografia, as memórias, o diário, dão nome a um personagem que acompanhamos e que, pela sua própria singularidade, pode emocionar cada leitor em particular.

De modo semelhante foram a emoção e a identificação que levaram Mourina, que é argelina, a ser mais aberta, a tomar uma distância crítica e a se diferenciar do discurso de seu pai:

"Eu tinha descoberto dois livros: havia uma exposição de livros, e neles se falava da condição dos judeus nos campos de concentração, o que mudou minha visão das coisas. Meu pai não concorda com a maneira como hoje vejo a comunidade judaica. Para ele, um judeu é um traidor, um inimigo. Para mim, não. Eles sofreram como todo mundo e de um ponto de vista histórico, podemos considerá-los como primos. Meu pai não está de acordo com isso. Eu o compreendo, mas mantenho minha opinião".

O mundo, para ela, não está mais dividido entre "eles" e "nós", classificação tão frequente nos meios populares,[35] mas não exclusiva destes...

Esta abertura para o outro pode assim realizar-se por meio da identificação, quando nos colocamos no lugar da experiência do outro, sobretudo por meio da leitura dessas his-

---

[35] Richard Hoggart, *La Culture du pauvre*, Paris, Minuit, 1970.

tórias "vividas", que fascinam muitas pessoas. Pode também se dar graças a um conhecimento suplementar, que confere um domínio suficiente para que não se sinta mais medo do outro. Como diz Magali: "É uma maneira de aceitar o que vem de fora, de se abrir mais para os outros. Se existe alguma coisa que não conhecemos, isso nos assusta e nos fechamos".

Muitos foram os que insistiram sobre a importância de terem tido acesso, por meio da leitura, a uma diversidade de pontos de vista, a uma abertura, a um distanciamento crítico. Os comentários neste sentido são muito frequentes: "Isso possibilitou aumentar o meu círculo", "Aprende-se a ser mais aberto, mais tolerante", "Passamos a ter menos barreiras", "Permite rever suas opiniões", "Pude relativizar minha maneira de pensar, minhas emoções, meus valores", "Ir mais longe, não ficar naquilo que nos dizem", "Enxergar as pessoas com um olhar diferente daquele que nos foi inculcado na educação, na escola" etc.

E muitas vezes é também a partir da infância que a leitura começa a contribuir para a formação do espírito crítico, quando, por exemplo, em um conto, o ogro não devora a criança, conforme o estereótipo comum, mas, ao contrário, revela-se amável. Ouçamos Ridha:

> "Costuma-se acreditar que todos os ogros são malvados e quando se vê um gordo com barba, logo se pensa que é um homem mau e que vai devorar a criancinha. Mas então se pode ver que isso nem sempre é verdade. Os preconceitos frequentemente vêm de um clichê, de uma coisa que é constantemente repetida. Havia ali uma possibilidade de exercer um espírito crítico e de pensar que é preciso ir fundo nas coisas".

Por meio da leitura alguns aprendem também a importância dos exemplos, da arte de argumentar, de debater, que não raro eram malvistos em seu ambiente de origem. Desse modo, Liza, que é de origem cambojana, sentiu-se no direito de ter uma opinião própria, graças ao apoio dos estudos, dos encontros e dos livros apanhados na biblioteca:

"Agora, começo a tomar posições políticas, pois antes a política não me interessava nem um pouco. Foi por meio da leitura, das ideias trocadas com os amigos, com os professores, que consegui formar uma opinião, tomar uma posição [...]. Acredito que cheguei a um estágio em que estou madura para decidir, resolver [...] tomar decisões e mantê-las. Madura para defendê-las e, sobretudo, para argumentar. É completamente diferente da cultura do Camboja em que se pensa em grupo, se faz as coisas em grupo e onde, na realidade, não se trocam muitas ideias pois não se discute".

A leitura e a biblioteca são, desse modo, lugares onde alguns encontram armas que os encorajam na afirmação de si mesmos, onde se distanciam do que haviam conhecido até então.

Conjugar as relações de inclusão

Neste sentido, um aspecto que me pareceu notável é que, graças às leituras, muitos jovens descendentes de imigrantes são capazes de conjugar os universos culturais a que pertencem, ao invés de deixarem que estes universos se hostilizem entre si.

Desenvolverei um pouco este tema, ainda que, a princípio, ele pareça se referir a um contexto totalmente diferente do da América Latina. Por outro lado, esta também é uma sociedade "pluricultural", "multiétnica", com múltiplos componentes linguísticos e culturais. E também conheceu uma urbanização inacreditavelmente rápida, na qual muitos homens e mulheres se viram confrontados com um mundo e um modo de vida totalmente diferentes daqueles que seus pais haviam conhecido. De maneira mais geral, apesar de todas as diferenças que marcam a história e a evolução recente de nossas sociedades, acredito que em nossa época a maioria de nós se encontra entre dois ou mais lugares, entre vários ambientes, entre várias culturas, e que a conjugação desses universos culturais múltiplos dos quais participamos é uma questão que se apresenta para a grande maioria, e se apresentará mais ainda no futuro.

Vou lhes relatar a experiência de alguns jovens cujos pais, vindos de meios rurais analfabetos, deixaram a África, a Turquia ou o Extremo Oriente para tentar a sorte na França. Vocês encontrarão aí, eu espero, material para fazer suas próprias considerações, já que a experiência desses jovens toca em uma questão sensivelmente "universal": como se diferenciar dos pais sem viver isso como uma traição.

Para esses jovens que conhecemos, esta diferenciação progressiva de seus ambientes de origem, quando ocorreu, quase nunca assumiu a forma de uma ruptura. E quando outros jovens que chegaram a esta ruptura a mencionam, ela é sempre vista como uma posição extrema e dolorosa. O desejo de se ver livre de suas origens é igualmente excepcional. Quase sempre, ao contrário, esses jovens se empenham em negociar esta evolução, esta mudança, sem causar muito dano. E ainda que estejam muito afastados de seus pais em suas atitudes, ideias e valores, ainda que estejam às voltas com situações por vezes muito conflitantes, dolorosas, no meio familiar, o que aparece com mais frequência são os discursos de gratidão, de compreensão em relação aos pais. E tentam, por exemplo, diminuir o abismo criado pelos estudos, pela leitura, com encontros, esforçando-se, na medida do possível, em compartilhar o que descobrem e em enriquecer os seus. Não se deve, aliás, subestimar as possibilidades de evolução dos pais, e, em particular, das mães.

É preciso compreender o tamanho do abismo cultural que separa, para quem é de origem estrangeira, a civilização originária dos pais e aquela em que crescem os filhos. Esses jovens, cujos pais imigraram, mencionam com frequência o grande sofrimento que é viver entre dois mundos: ainda que bem adaptados à maneira de pensar, de viver e aos valores ocidentais, estão impossibilitados de viver como os jovens franceses "de origem" por causa da xenofobia e pelo medo de trair sua família e seu país de origem, em que frequentemente também se sentem tão estrangeiros, tão rejeitados, quanto na França. A história colonial, tão recente, o mito do retorno ao país de origem, por tanto tempo acalentado pelos pais, as imagens estigmatizantes presentes no cotidiano, não tornam as coisas nada fáceis.

Em geral, os pais silenciam sobre a história colonial e, no caso da Argélia, a guerra de independência. Esse passado pode ser particularmente difícil de assumir, como acontece para as crianças dos chamados *harkis*, que combateram do lado dos franceses e que são considerados traidores pelos demais argelinos. É igualmente doloroso para aqueles que passaram sua primeira infância em países em guerra como o Camboja — e no caso deste país parece que muitos pais ainda silenciam completamente após tanto horror. A questão da integração, no sentido psicológico do termo, de sua história e de seus capítulos negros, de onde vieram e do trajeto que os conduziu até ali, apresenta-se para todos. Talvez a integração social não seja possível sem esta integração... É exatamente o que diz Ridha:

"Eu digo que tive um passado e, para mim, integrar é aceitar. Aceito o passado e para mim isso é integração. Aceito minha origem e não tenho nenhuma razão para não aceitá-la, porque ela é o que é, é tudo, venho de lá e é tudo. Poderia ter vindo de outro lugar [...]. O essencial é fazer com que as populações que chegaram aqui se sintam em casa, o que significa que tenham aceitado a situação em que se encontram. Ou seja, quer dizer que aceitaram o que a história fez e que admitiram viver aqui, nesse lugar".

Em relação a esta questão tão importante e tão difícil, é preciso ressaltar que por meio da leitura, e em particular da biblioteca, alguns fazem descobertas graças às quais o fato de serem originários de duas culturas é sentido mais como uma riqueza e menos como um sofrimento. Aceitam e articulam os diversos momentos de sua história, assimilam uma parte de sua cultura de origem, talvez para não se sentirem mais culpados e poderem se apropriar também da cultura do lugar onde se encontram agora. Reconhecem o país de origem, a cultura de origem, como algo que faz parte de sua história, mas com a mesma atitude se descolam dela.

É o caso, por exemplo, de Zohra, que graças a suas leituras encontrou respostas às questões que se fazia:

"O que eu lia? A literatura do Magreb, de onde eu vinha; a história da Argélia, minha história. Porque meu pai lutou na guerra da Argélia e nunca nos falou disso. Entendo que não possa falar, como também entendo que muitos franceses não possam falar. Viveram situações muito duras e também causaram coisas muito duras à população argelina. Mas, ao mesmo tempo, ficamos sem respostas. É preciso que encontremos respostas".

Mas suas leituras não a conduzem a uma identidade imutável, saudosista, muito pelo contrário. Elas permitem soltar a palavra. Ao voltar a possuir uma história, Zohra pode dar prosseguimento a ela, pode ler ao mesmo tempo romancistas contemporâneos argelinos e ocidentais, e confirmar seu apego pelos valores laicos e os direitos das mulheres. E, ao fre-

O que está em jogo na leitura hoje em dia

quentar a biblioteca, Zohra se abriu também à história da França, pois durante alguns eventos teve contato com antigos resistentes ao nazismo ou antigos deportados dos quais se sentiu próxima.

Cito ainda mais dois exemplos. Haljéa é marroquina e lê todos os livros em árabe que encontra na biblioteca; pega livros de fotos sobre seu país de origem e aprende também, todos os dias, por conta própria, o francês em livros para crianças. Aïché, que é turca, leu, entre outros, seu compatriota Yachar Kemal e também o filósofo Descartes. Diz que é a leitura que mais contou em sua vida, pois com ela compreendeu o espírito crítico e a importância de uma argumentação bem conduzida, para recusar um casamento por conveniência ou para enfrentar as pessoas submissas aos extremistas religiosos. Pois para as moças de origem muçulmana, a margem de manobra entre a submissão à família e a ruptura é mais restrita ainda que para os rapazes. E para defender-se dos confinamentos, das restrições, é na biblioteca que muitas delas encontram armas que as encorajam no processo de uma emancipação ativa.

Na França, alguns bibliotecários se questionam sobre o sentido de tornar essas culturas de origem acessíveis aos usuários imigrados ou filhos de imigrados, e sobre quais as formas de fazê-lo. Eu acredito que esses usuários deveriam poder encontrar Yachar Kemal e Descartes, como ocorreu com a jovem turca que mencionei. Quando se é criado em uma língua e uma cultura determinadas, e depois obrigado a crescer em outra, a capacidade de simbolizar pode ser prejudicada; é preciso então encontrar passagens de comunicação de uma para a outra, conciliar uma com a outra.

O desejo individual de conhecer suas origens, de saber de onde se vem, é legítimo, e os pais, muitas vezes analfabetos e afastados há muito tempo do país que deixaram para trás, transmitem apenas fragmentos de sua cultura, ou alguns costumes que, às vezes, nem estão mais em voga em seu país.

E se não oferecermos a esses jovens os meios de responderem às perguntas de terceiros sobre sua origem de uma maneira própria, singular, outros se encarregarão disso, mas na chave mítica de uma identidade comunitária, com todos os riscos que isso implica de desvio para formas de autoexclusão, de *apartheid* e de xenofobia.

Se, ao contrário, por meio das leituras (ou de outras práticas culturais de que falarei em seguida), pode-se combinar múltiplas relações, apropriando-se ao mesmo tempo das culturas "dominantes" e das culturas do local de origem, com toda sua diversidade, suas singularidades e seu dinamismo — porque uma cultura não é imóvel, é algo que vive e se move o tempo todo —, isso poderia contribuir, me parece, para impedir que uma união totalizante com uma religião, uma etnia ou um território, venha a funcionar como identidade.

O que esses jovens expressam é uma posição distanciada de todo dogmatismo, distanciada de posturas opostas, que na realidade se originam de uma mesma concepção monolítica, congelada e imobilista da cultura: o universalismo em sua versão mais ortodoxa, e o relativismo cultural levado ao extremo conservadorismo por alguns etnólogos. Na França, tanto um quanto outro contam com partidários fervorosos. Mas ainda aí imagino que haja elementos para estabelecer uma correspondência com a situação na América Latina, se pensarmos nos grupos que têm trabalhado em prol da "assimilação dos indígenas", e nos partidários do "etnodesenvolvimento".

Na França, os que defendem o universalismo republicano ortodoxo gostariam de fazer tábula rasa do passado, da memória, para uniformizar todos sob uma regra de grandes valores, de grandes referências, que, supostamente, são as únicas aptas a "cimentar" uma nação, conforme eles dizem, como se os seres humanos fossem pedras. Já os apologistas do relativismo cultural extremo aprisionam as pessoas no que as tradições têm de mais reacionário, de mais mutilador, e chegam a se arvorar em apóstolos dos guetos ou até mesmo a legitimar a clitorectomia.

Aos discursos de ambos, eu oporia as palavras e as maneiras de proceder da maioria dos jovens que conhecemos, que, com curiosidade, combatividade, e não sem sofrimento, se esforçaram em encontrar caminhos próprios para conciliar as culturas das quais fazem parte. Podem cantar as canções em árabe que escutavam quando eram crianças e serem fanáticos por Rimbaud. Podem sentir curiosidade pela história do país de onde vieram seus pais e serem muito exigentes em relação aos princípios da laicidade. Proporcionar os meios de fazerem tais descobertas, tais combinações, é algo para o que os mediadores do livro podem contribuir. Combinar, mesclar, é aliás o gesto primordial de toda cultura; evidentemente não é algo que vou lhes ensinar. Como escreveu o filósofo Jean-Luc Nancy: "o gesto da cultura é em si mesmo um gesto mestiço: é afrontar, confrontar, transformar, reorientar, desenvolver, recompor, combinar e fazer bricolagem".[36]

É claro que existem outras "práticas culturais" além da leitura, outras formas de simbolização, de sublimação possíveis, e que cada um é livre para escolher as formas que lhe são mais convenientes. Durante essa pesquisa em bairros urbanos marginalizados, conheci, por exemplo, um jovem laosiano, operário da construção civil, que aprendeu a cultivar bonsais, essas árvores em miniatura que os japoneses cultivam com perfeição. Contou-me que buscava "as cores conforme as estações, como em uma paleta de pintura". Ele também integra, à sua maneira, sua origem asiática em um modo poético. Eu o conheci alguns dias antes do primeiro de maio. Na França, nessa ocasião, temos o hábito de oferecer ramos de lírio-do-vale aos amigos para dar sorte. Contou-me que no

---

[36] *Être singulier pluriel*, Paris, Galilée, 1996, pp. 176-7.

domingo ia levar as crianças do bairro ao bosque para ensinar-lhes a colher lírios-do-vale. Para ele, o pertencimento plural era isso: saber colher os lírios-do-vale e cultivar bonsais. Mas foi nos livros que aprendeu a arte de cultivá-los. Pois na maior parte dos casos ter acesso a esses outros modos de simbolização supõe que se conheçam bem os códigos da escrita.[37] Acrescento que, na pequena midiateca de seu bairro, esse jovem também pegava CDs de canções; mas para encontrar inspiração e compor suas próprias canções, ele lia... sonetos de Shakespeare, encontrados por acaso em alguma estante da biblioteca.

Logo, não se trata de partir em uma cruzada para difundir a leitura, o que seria, aliás, a melhor forma de afugentar todo mundo. Mas também não se ganha nada se não se distingue a eficácia específica de cada um desses gestos que os sociólogos e estatísticos agrupam em um mesmo pacote chamado "práticas culturais" ou "práticas de lazer". Pode ser excitante todo mundo junto gritar em um estádio para pontuar o fim de uma canção ou a trajetória de uma bola de futebol, mas trata-se de um registro muito diferente do da intimidade um pouco transgressora propiciada pela leitura. E, mais ainda, a leitura de ficção, em que por meio do devaneio subjetivo de um escritor, as palavras tocam os leitores um a um e permitem que expressem o que há de mais secreto neles.

CÍRCULOS DE PERTENCIMENTO MAIS AMPLOS

A lição que a leitura nos ensina pode ser ainda, como dizem muitos, a de que antes de pertencer a este ou àquele território, somos seres humanos. Ouçamos o que diz Matoub:

---

[37] Jean-Claude Passeron, "Le polymorphisme culturel de la lecture", *in Raisonnement sociologique*, Paris, Nathan, 1991.

O que está em jogo na leitura hoje em dia   93

"Culturalmente, não me sinto nem argelino nem francês. Cada um de nós é um indivíduo, e isso é tudo. Eu nasci na Argélia, tenho lembranças de lá; existe uma relação com meu país, com as pessoas, com a própria terra, com a paisagem, o que faz com que eu tenha uma ligação muito forte com esse país; porém, tenho uma ligação também com a França, como posso ter com a África do Sul ou com qualquer outro país".

Vamos ouvir também Ridha:

"Se me dizem: 'Então, você é de origem argelina', eu lhes digo: 'Se querem assim, mas não fui eu que dei o nome de Argélia'. Digo-lhes: 'Meus pais viviam nessa terra com pessoas que pensavam desse modo, que tinham esse tipo de cultura e que eram como eles'. É tudo. Eu sou eu, e todo o resto não passa de um rótulo. Na realidade, é uma questão de equilíbrio; a noção de identidade é certamente importante mas não deve ser o centro de uma política. É secundária; em primeiro lugar está a pessoa, é isso o que importa. É preciso reformular tudo isso".

A leitura, tal como é praticada atualmente, convida a outras formas de vínculo social, a outras formas de compartilhar, de socializar, diferentes daquelas em que todos se unem, como se fossem um só homem, ao redor de um chefe ou de uma bandeira. Ler, como vimos, é conhecer a experiência de homens e mulheres, daqui ou de outros lugares, de nossa época ou de épocas passadas, transcrita em palavras que podem nos ensinar muito sobre nós mesmos, sobre certas regiões de nós mesmos que ainda não havíamos explorado, ou que não havíamos conseguido expressar. Ao longo das páginas, experimentamos em nós, a um só tempo, a verdade mais subjetiva, mais íntima, e a humanidade compartilhada. E esses textos que alguém nos passa, e que também passamos a outros, representam uma abertura para círculos de pertencimento mais amplos, que se estendem para além do parentesco, da localidade, da etnicidade. Esse é um quarto aspecto da leitura sobre o qual gostaria de insistir, ainda que todos esses aspectos se encontrem entrelaçados e seja artificial distingui-los. Vou citar Albert Camus, um escritor que conhecia bem a pobreza e que escreveu em *O primeiro homem*: "A pobreza e a ignorância tornavam a vida mais difícil, mais insípida, fechada em si mesma; a miséria é uma fortaleza sem ponte levadiça".[38] A imagem de uma fortaleza sem ponte levadiça nos lembra o quanto a reclusão e o isolamento são, em geral, o destino que cabe aos pobres. Pois o que também distingue as categorias sociais, não esqueçamos disso, é o horizonte, o espaço de referência daqueles que as compõem. Alguns podem ver mais longe que outros, pensar suas vidas em uma outra escala. E o horizonte de muitos habitantes da zona rural, de condição modesta, como também o horizonte popular urbano, foi por muito tempo, e ainda o é com frequência, a família, os vizinhos, "nós". Enquanto o resto do mundo é visto como "eles", com traços bem mal definidos.

Mas, às vezes, existem pontes levadiças. Camus, assim como outros escritores nascidos em famílias pobres, expressou sua gratidão por um professor e por uma biblioteca municipal que o haviam ajudado a descobrir que existia algo além do espaço familiar. As pontes levadiças, para ele, foram esse professor e essa biblioteca. Cito-o novamente: "No fundo, o conteúdo dos livros pouco importava. O importante era o que sentiam ao entrar na biblioteca, onde não viam a parede de livros negros mas sim um espaço e horizontes múl-

---

[38] Albert Camus, *Le Premier homme*, Paris, Gallimard, 1994, pp. 224-9 [ed. brasileira: *O primeiro homem*, trad. Teresa Bulhões de Carvalho da Fonseca e Maria Luiza Newlands, Rio de Janeiro, Nova Fronteira, 2005].

tiplos que, desde a entrada, lhes tiravam da vida estreita do bairro".[39]

A leitura, na realidade, é uma promessa de não pertencer somente a um pequeno círculo. É o que experimentou uma grande parte dos jovens que ouvimos: a leitura permite romper o isolamento pois possibilita o acesso a espaços mais amplos. No meio rural, em particular, mais do que em outros lugares, a leitura foi um modo de alargar um pouco o espaço, de viajar sem sair do lugar, de se abrir para o novo, para o que está distante. É assim que Luc se recorda de sua avó: "Era um meio pobre e portanto não havia rádio nem televisão. Ela lia até tarde. Era sua válvula de escape. Isso lhe permitia estar em outros lugares. Para ela, era algo maravilhoso. Poder se transportar para outros lugares na leitura; ela não tinha nada além disso". Léontine, por sua vez, evoca sua paixão pelos atlas:

> "Adoro os atlas! Quando tenho uma hora livre, à noite, pego um atlas e viajo, sonho. E agora, com tudo o que está acontecendo na antiga União Soviética, eu olho, e às vezes tenho dificuldade em ler o nome desses estados que há alguns anos não conhecíamos, ou conhecíamos muito pouco. Isso também é leitura!".

Acontece mais ou menos a mesma coisa nos bairros urbanos marginalizados, separados do centro das cidades por fronteiras visíveis ou invisíveis, onde um jovem nos disse, por exemplo: "Posso ficar sentado aqui e ler sobre qualquer país, qualquer povo, sobre qualquer pessoa, e por meio desta leitura eu entendo esta outra vida, este outro pensamento, outro país, muitas coisas, sem sair de Bobigny [o município da periferia onde vive], sem sair de minha cadeira".

---

[39] *Ibid.*

Esta abertura para o outro, que é consequência da leitura, também adota, muito concretamente, novas formas de sociabilidade, de partilhar e de conversar em torno dos livros. Na França, como em outros países, um número cada vez maior de profissionais da leitura organiza debates, animações, inclusive em pequenas cidades, povoados e bairros marginalizados. Estas novas modalidades de animação em torno dos livros, bastante apreciadas por muita gente, são hoje encorajadas pelos poderes públicos, que esperam, cada vez mais, que a cultura repare as malhas de um "tecido social" muito esgarçado. É claro que existem também formas espontâneas de compartilhar as experiências, pessoas que trocam livros, que conversam sobre eles. E por meio dessas redes de sociabilidades, com frequência flexíveis e múltiplas, circulam ideias, sensibilidades.

Algumas dessas formas de intercâmbio podem ser muito tênues, até clandestinas. Por exemplo: as palavras escritas por outros em livros emprestados na biblioteca. Cito um rapaz: "O que me acontece, é que vejo o que os outros escreveram nos livros. Vejo uma prova material da pessoa que leu o mesmo livro que eu. É uma coisa que me agrada muito". Jacques-Alain, por sua vez, sempre olha nas estantes se alguém levou os livros de Tolkien que ele adora, e sente uma cumplicidade secreta com esse usuário desconhecido. Véronique sonha com um livro em branco onde as pessoas poderiam escrever o que pensam de um livro e fazer com que os outros se interessassem em lê-lo — o que, aliás, existe em algumas bibliotecas. Mas as palavras compartilhadas, furtivamente, são também aquelas ouvidas sem querer, como conta Zohra, sobre suas primeiras idas à biblioteca com suas irmãs: "Escutávamos, pois há coisas que se diz numa biblioteca. Havia conversas...".

Mas, evidentemente, as conversas às vezes são barulhentas, e com a configuração atual das bibliotecas, é difícil para os bibliotecários administrar essas diferentes funções: a fun-

O que está em jogo na leitura hoje em dia

ção de estudo, a de leitura "para si", e a função das trocas, das partilhas. Os jovens então podem ser mandados de volta para a rua, por conversar, discutir, quando a biblioteca é precisamente o que lhes permitiu escapar das ruas, um lugar onde se elabora uma alternativa à turma, e onde se esboçam outras formas de sociabilidade.

Esse papel de fórum informal da biblioteca foi mencionado com frequência por nossos entrevistados. Um deles nos disse: "A biblioteca é como um clube". Um outro: "Temos um lugar onde podemos nos reunir, como os outros, com toda dignidade". Em muitos dos bairros marginalizados situados nas periferias das cidades francesas, a biblioteca é muitas vezes o único lugar em que se pode encontrar os amigos, se reunir, participar de um grupo e também conhecer novas pessoas. Muitos cobram maior convivência e manifestam o desejo de que se façam debates sobre temas sociais. Como se fosse a própria vocação da biblioteca ser, em todos os sentidos, o local da linguagem compartilhada. E, seja nas bibliotecas ou em outros locais, isso significa, a meu ver, que devem ser encontradas formas que permitam o exercício da liberdade de expressão, e a prática de um desejo de expressão civil, político. Pois não há real cidadania sem o uso da palavra.

Ficamos impressionados ao ver o quanto estes jovens são apaixonados pelas discussões, o quanto sonham com a oportunidade de se expressar. Enquanto é moda na França descrever os jovens como pouco politizados ou individualistas, os que conhecemos nos pareceram profundamente "cidadãos", pois, enquanto tentam tomar as rédeas de seus destinos, mostram também grande preocupação com o bem público. Quase todos se dizem decepcionados com "a política", que associam aos jogos da classe política, o que não significa que não se interessem pela coisa pública. Filiam-se a associações e desenvolvem redes de solidariedade que não se limitam a ajudar os seus próximos. Sentem muita curiosidade pela atualidade, pelas "questões de conteúdo social".

Mas, quanto a este aspecto, é preciso observar que raramente é por meio de suas leituras que estes jovens satisfazem sua curiosidade: é a televisão, antes de tudo, que desempenha esse papel, mesmo que afirmem desconfiar desse meio de comunicação. E para contribuir na formação de sua inteligência histórica, política, os mediadores do livro poderiam, sem dúvida, ir mais longe, tornando-lhes mais fácil o acesso a fontes de informação diversificadas, graças a diferentes suportes. Pois tampouco há uma verdadeira cidadania sem o trabalho do pensamento, o que pressupõe que os meios tenham sido oferecidos. Sugeri algumas vezes aos bibliotecários que, por exemplo, propusessem exposições sobre temas da atualidade, sempre renovadas, que possibilitariam o acesso a outros pontos de vista sobre os temas em voga, principalmente sobre aqueles tratados nos programas de televisão, muito vistos pelos jovens. Imagem e impresso, na realidade, não se opõem: muitas vezes é depois de ver um filme que os jovens procuram o livro que o inspirou (ou vice-versa); do mesmo modo, algumas leituras poderiam ser incentivadas por programas de televisão.

Chegamos ao término deste encontro e é hora de recapitular um pouco. Ao ouvir os leitores, percebemos que a reorganização de um universo simbólico, de um universo linguístico por meio da leitura, pode contribuir para que os jovens — ou os menos jovens — realizem algumas transformações, reais ou simbólicas, em diferentes campos: transformações no percurso escolar e profissional que lhes permitem ir mais longe do que a programação social poderia levá-los; transformações na representação que têm de si mesmos, na maneira de se pensar, se dizer, se situar, no tipo de relações estabelecidas com sua família, seu grupo e sua cultura de origem; transformações nos papéis que lhes foram atribuídos pelo fato de terem nascido menino ou menina; transformações nas formas de sociabilidade e solidariedade; transformações na maneira de morar e de perceber o bairro, a cidade, o país em que vivem...

A leitura contribui assim para criar um pouco de "jogo" no tabuleiro social, para que os jovens se tornem um pouco mais atores de suas vidas, um pouco mais donos de seus destinos e não somente objetos do discurso dos outros. Ajuda-os a sair dos lugares prescritos, a se diferenciar dos rótulos estigmatizantes que os excluem, e também das expectativas dos pais ou dos amigos, ou mesmo do que cada um deles acreditava, até então, que era o mais adequado para o definir.

Por um lado, isso não é uma novidade: alguns escritores que cresceram num meio pobre, como Jack London ou Camus, por exemplo, já haviam dito como a descoberta dos livros tinha revolucionado suas vidas. A possibilidade de escapar dos caminhos preestabelecidos por meio da leitura é, no fundo, uma velha história. Porém, hoje em dia, não é unicamente para pessoas "fora do comum" que a leitura pode desempenhar esse papel. Na França, aproveitando o desenvolvimento das bibliotecas municipais nesses bairros, há toda uma "minoria ativa" que tenta sair dos caminhos preestabelecidos que levam a um beco sem saída, frequentando essas bibliotecas, e lendo.

O que está em jogo não diz respeito apenas ao percurso de cada um, seu destino particular. Quando ouvimos os leitores, percebemos que ler pode ser também um caminho alternativo que leva de uma intimidade um tanto briguenta à cidadania. Não é que ler torne a pessoa virtuosa, não sejamos ingênuos: sabemos o quanto a história é rica em tiranos ou perversos letrados. Mas ler pode fazer com que a pessoa se torne um pouco mais rebelde e dar-lhe a ideia de que é possível sair do caminho que tinham traçado para ela, escolher sua própria estrada, sua própria maneira de dizer, ter direito a tomar decisões e participar de um futuro compartilhado, em vez de sempre se submeter aos outros. Quando nos familiarizam com os jogos da linguagem ficamos menos desprotegidos diante do primeiro charlatão que passa e se propõe a curar nossas feridas com uma retórica simplista.

O que está em jogo na leitura — sobretudo entre os jovens, para quem ler não é algo natural — não me parece se reduzir a uma questão "social". Parece, a meu ver, aproximar-se da democratização profunda de uma sociedade. Uma cidadania ativa — não devemos esquecer isso — não é algo que cai do céu, é algo que se constrói. A leitura pode contribuir em todos os aspectos que mencionei: acesso ao conhecimento, apropriação da língua, construção de si mesmo, extensão do horizonte de referência, desenvolvimento de novas formas de sociabilidade... e em outros que com certeza estou esquecendo. Por meio da difusão da leitura, cria-se um certo número de condições propícias para o exercício ativo da cidadania. Propícias, necessárias, mas não suficientes. Mais uma vez, não sejamos ingênuos. Se existe uma leitura que auxilia a simbolizar, a se mover, a sair do lugar e a se abrir para o mundo, existe também uma outra que só conduz aos prazeres da regressão. E se alguns textos nos transformam, há uma grande quantidade que, na melhor das hipóteses, apenas nos distraem. Teremos a oportunidade de voltar a este tópico.

Como conclusão, gostaria de citar mais uma vez Daoud, esse rapaz de origem senegalesa, que nos disse:

> "Para mim, o principal é que exista um lugar onde as pessoas possam ir quando quiserem se cultivar ou se transformar, quando desejarem ser outra coisa. Algo que a sociedade possa colocar à disposição das pessoas. Acredito que deveria se repensar a sociedade como uma espécie de biblioteca. Do modo como se encontra o sistema, são as pessoas que estão à disposição da sociedade".

Terceiro encontro

O MEDO DO LIVRO

Vimos ontem que a leitura poderia ser a chave para uma série de transformações, em diferentes âmbitos, contribuindo sobretudo para uma recomposição das representações, das identidades e das relações de pertencimento. E que também poderia ser o prelúdio para uma cidadania ativa. Consequentemente, o fato de ela suscitar medos e resistências não deve causar surpresa, ainda mais nos dias de hoje, em que todos clamam a uma só voz: "É preciso ler". Os seres humanos têm uma relação muito ambivalente com o movimento, a novidade, a liberdade, o pensamento, que podem ser, por um lado, objeto de fortes desejos, mas também de medos associados a esses desejos.

Falarei então desse medo do livro, ou ao menos de alguns de seus aspectos, pois me parece que estão sempre presentes, mesmo que às vezes assumam formas mais sutis que as conhecidas no passado. Esclareço que esse medo não diz respeito apenas aos jovens. Ele está presente em torno deles, sobretudo se nasceram em um meio onde o livro é pouco familiar. Ele pode estar na família, no bairro, entre os amigos e até mesmo entre os professores. E também está presente entre os que detêm o poder, por trás dos belos discursos dos políticos sobre a difusão da leitura.

Com frequência pensa-se que o acesso ao livro deveria ser algo "natural", a partir do momento em que a pessoa dispõe de algumas competências e certo grau de escolarização. Entretanto, praticar a leitura pode se revelar impossível,

O medo do livro   103

ou arriscado, quando pressupõe entrar em conflito com os modos de vida, com os valores próprios do grupo ou do lugar em que se vive. A leitura não é uma atividade isolada: ela encontra — ou deixa de encontrar — o seu lugar em um conjunto de atividades dotadas de sentido.

A DIFÍCIL LIBERTAÇÃO
DO ESPÍRITO DE GRUPO

Pude avaliar a importância desse assunto quando comecei a trabalhar no tema da leitura e participei de uma pesquisa no meio rural.[40] Eu lhes proponho, num primeiro momento, falar um pouco sobre isso e depois retomar o tema do medo do livro a partir de outros pontos de vista.

Também nesse caso, embora as diferenças entre os modos de vida no campo na França e na América Latina sejam muito significativas, vocês provavelmente encontrarão elementos que possam transpor ou sobre os quais possam refletir. Há sem dúvida algo de específico relacionado ao fato de se pertencer a pequenas comunidades, viver em espaços situados próximos à natureza, à margem dos lugares em que operam os poderes de decisão e onde se concentram os bens culturais: são modos de vida, e também valores, que durante muito tempo estiveram associados a uma economia de sobrevivência e que muitas vezes se prolongam no interior das grandes cidades devido às migrações. A França é um país com uma forte marca rural, apesar da maioria da população viver, há muito tempo, na cidade. Imagino que talvez seja, de maneira distinta, também o caso de seu país.

---

[40] Raymonde Ladefroux, Michèle Petit e Claude-Michèle Gardien, *Lecteurs en campagnes*, Paris, BPI/Centre Georges Pompidou, 1993, p. 248.

Na França, a população rural, e em particular os agricultores, foi escolarizada há muito tempo — desde antes da Revolução Francesa, no caso de certas regiões, até a generalização da instrução básica gratuita, obrigatória e laica, no final do século XIX, após a promulgação das chamadas leis Jules Ferry.

Entretanto, apesar dessa alfabetização relativamente antiga, a leitura continuou sendo uma prática menos comum na zona rural do que nas cidades. E quando pedimos aos leitores rurais que contassem como haviam adquirido o gosto pela leitura, evocaram um percurso repleto de obstáculos — apesar da modernização do campo, da multiplicação das trocas e das aberturas; apesar também das iniciativas públicas, associativas ou individuais, que caminham no sentido do desenvolvimento da leitura. Esses obstáculos não eram apenas físicos, não se tratava unicamente da distância geográfica das livrarias ou das bibliotecas. Eram também obstáculos sociais, culturais e psíquicos. Foi uma das coisas que mais me surpreendeu naquele momento: para muitas pessoas do campo que conhecemos, a leitura era uma atividade arriscada. No campo, os leitores — ou leitoras — têm frequentemente que transgredir, ainda hoje, diversos interditos; e a culpa associada ao fato de ler, o temor do julgamento da sociedade, do que as pessoas dirão, parecem se transmitir de uma região a outra como um eco.

Esses interditos são de ordens diferentes. O primeiro interdito é que, ao ler, a pessoa se entrega a uma atividade cuja "utilidade" não é bem definida. Nossos interlocutores se referiam a essa prescrição secular da seguinte forma: "Não se deve perder tempo", "Não se deve ficar desocupado", "Não se deve ficar sem fazer nada". Eles recordavam essa ética compartilhada que, por muito tempo, foi a garantia da sobrevivência em toda a França rural, fazendo do trabalho o valor mais alto e rejeitando o ócio. Como disse Léontine, por exemplo: "Éramos sempre a favor do 'útil'". Até hoje, as pessoas

O medo do livro

105

dedicam uma grande parte do tempo livre aos lazeres "úteis": construir ou reformar a casa, fazer trabalhos manuais, jardinagem, caçar, costurar ou tricotar.

Mas esse interdito que se refere à leitura "inútil" se vê duplicado pelo fato de a leitura ser um prazer solitário: em nossa época, enquanto lê, a pessoa se afasta do grupo, fica distante, distraída, no sentido mais forte da palavra, isolada. Esse tipo de deserção não era bem-vindo num mundo rural que se identificava tradicionalmente pela homogeneidade de suas crenças, representações e valores; um mundo em que "bancar o esperto", "acreditar ser alguém", se distinguir pela expressão de opiniões ou de sentimentos pessoais não era bem-visto. Inclusive hoje, esse tipo de "preocupação consigo mesmo", caso se exponha à luz do dia, pode ser julgado inconveniente, grosseiro, ali onde a preferência é dada às atividades compartilhadas, às fidelidades familiares e comunitárias, se não nos fatos, ao menos nos valores. A afirmação de uma singularidade nem sempre é algo natural, mesmo que, em muitos espaços rurais, a sociabilidade tradicional perca cada vez mais importância, mesmo que, como observa Lucette, "antes éramos como uma família, todo mundo agia da mesma forma. Hoje cada um está na sua".

"Cada um está na sua", mas para se entregar à leitura é necessário deixar o grupo sempre na ponta dos pés: é notável que, na sua grande maioria, as pessoas do campo que conhecemos e que gostam de ler tenham dito que liam à noite, na cama, não importa a idade, a situação familiar ou profissional. Para citar um exemplo, ouçamos esta mulher: "Nunca li durante o dia. Nunca antes do anoitecer. E mesmo hoje que eu poderia fazê-lo, não consigo. Leio à noite. Quando criança, era repreendida! Fazia isso um pouco às escondidas...".

Finalmente, um terceiro tipo de interdito: no campo, mais do que nas cidades, o domínio da língua e o acesso aos textos impressos foram por muito tempo privilégio daqueles que detinham o poder, ou seja, os notáveis, os representantes do Estado e da Igreja. E estes sempre quiseram fiscalizar os leitores. Obcecada pelos perigos da leitura no meio popular, a Igreja católica, em particular, condenou durante muito tempo as leituras não controladas da Bíblia ou das obras profanas e se esforçou em fazer da leitura um gesto coletivo e enquadrado.

Confrontar-se diretamente com os livros, sem intermediários, é distanciar-se desse modelo religioso das leituras edificantes, da leitura vigiada que se praticou com rigor nas sociedades rurais. E é escapar dos lugares predeterminados, trair de certa forma a sua própria condição, atravessar essa fronteira que mantinha no ostracismo aqueles que estavam destinados às atividades manuais.

Ler, no campo, pressupõe muitas vezes transgredir esses interditos, seja negociando com eles, seja usando de astúcia frente a valores que, durante séculos, deram sentido à vida e cuja memória parece sempre pesar sobre o modo de viver e pensar. Em diferentes regiões, muitos habitantes do campo mencionaram a difícil conquista de um espaço de leitura, um pouco clandestino: quantas recordações de leituras feitas à luz de uma lanterna, sob os lençóis, até mesmo à luz da lua! E não eram somente pessoas de idade, relembrando infâncias distantes, que nos contavam isso. Ainda hoje há pessoas que se escondem para ler, como conta a esposa de um agricultor:

> "É a mentalidade daqui: não se perde tempo lendo ou fazendo palavras cruzadas. Sempre tem gente que passa e diz: 'É incrível, ela não faz nada enquanto seu marido se acaba no trabalho!'. Quando vejo alguém chegando, escondo o livro. Vejo quem vem. Estou sempre alerta. Ao menor ruído... me aprumo".

Aliás, salvo em algumas famílias ou algumas regiões, onde ler era uma prática mais comum, é com frequência fora do quadro da vida rotineira que as pessoas do campo tiveram acesso à leitura. Como se a leitura supusesse rupturas, separações bruscas do tipo de infância em que se vivia na natureza: "Nunca aprendemos a ficar em nosso quarto", "Vivíamos fora de casa, com o sol, ou com o dia e a noite". Separações dos laços familiares, caseiros, do dia a dia da aldeia, e das fofocas. Muitos tomaram gosto pelos livros durante um momento de distanciamento: no internato, na guerra ou no hospital. Ao ouvi-los, pensava em como a leitura, assim como a escrita, estava associada ao exílio. Ela se iniciava no momento da perda do corpo a corpo com a terra, de um êxodo do lugar costumeiro.

Abro aqui um parênteses para lembrar que, para a psicanálise, a leitura tem um parentesco com as atividades ditas de sublimação, que se desviam das pulsões sexuais para objetos socialmente valorizados: principalmente, segundo Freud, a atividade artística e a investigação intelectual. Estas atividades de sublimação nascem com a separação, com o primeiro objeto com o qual se deve fazer o luto. Para Winnicott, de modo mais preciso, as experiências culturais pressupõem um "espaço" no qual situá-las, que ele chama de espaço transicional e que se estabelece entre a criança e a mãe, desde que a criança se sinta em segurança.[41] Nesse sentido, certos objetos — seja um urso de pelúcia que a criança abraça ao dormir, seja uma canção que repete, ou, mais tarde, os objetos culturais —, representam a transição, a viagem da criança que passa do estado de união com a mãe ao estado em que estabelece uma relação com ela. Esses objetos protegem da angústia da separação, simbolizam a união das coisas que agora estão separadas, restabelecem uma espécie de continuidade. Assim sendo, não é difícil pensar que o afastamento do

---

[41] Donald W. Winnicott, *Jeu et réalité*, Paris, Gallimard, 1975 [ed. brasileira: *O brincar e a realidade*, trad. José Otávio de Aguiar Abreu e Vanede Nobre, Rio de Janeiro, Imago, 1975].

local de origem reative a angústia da primeira separação e que propicie a leitura. E também, de forma muito concreta, esse afastamento representa a oportunidade de encontrar outras pessoas para as quais ler é uma atividade mais usual. E também a oportunidade de ter acesso a livros que não possuem em casa e se liberar do controle mútuo que reina no vilarejo.

Na realidade, no campo, os leitores foram sempre considerados um pouco trânsfugas. Trânsfugas os que se encontravam desenraizados, de maneira temporária ou duradoura, e tinham se convertido a essa atividade. Trânsfugas os que um dia iam embora da aldeia porque ao ler um livro, ao se apropriar de fragmentos de conhecimento, haviam sentido o desejo de algo diferente. Trânsfugas também, a seu modo, todos os que não haviam partido, mas que se entregavam à leitura para escapar. Vimos que ler lhes permitia viajar com o personagem, se abrir para lugares distantes. Os livros os transportavam para outros lugares, os convidavam a fugir. Como Geneviève que lia sagas que a levavam para muito longe, para fora das paredes de sua casa, dos limites da sua aldeia, acompanhando a heroína em todas as suas aventuras: "Passo todos os infortúnios que ela passa: ela atravessou montanhas, esteve na Turquia; e eu realmente estou com ela".

Trânsfugas sobretudo porque, a partir da conquista discreta desse espaço de leitura, esses leitores rurais viam as coisas de maneira diferente. Primeiro porque aprendiam, se apropriavam dos conhecimentos. Adquiriam um maior domínio do mundo que os cercava e se liberavam do jugo daqueles que, até então, detinham o monopólio do saber. Mas também, ao se abrir para o novo, descobriam em si mesmos territórios e desejos desconhecidos. E nos contavam como a leitura era uma oportunidade para escapar do que estava dado e ver as coisas sob outro ângulo. Podiam, dessa forma, sair de um modelo de vínculo social em que o grupo exercia um domínio sobre cada um. Era uma oportunidade de se dizer que poderiam ter uma opinião, em vez de ter sempre que se

O medo do livro

submeter aos outros. A leitura no meio rural, quando não estava limitada ao jornal local, era uma via real de acesso a uma individualização.

Assim sendo, a leitura era uma prática arriscada para o leitor, que podia se ver privado de sua segurança, perturbado em suas relações, e sobretudo para o grupo, que podia ver um dos seus se distanciar e ir embora. E também para os poderes, pois todos os compromissos podiam se tornar mais fluidos com a popularização da prática da leitura, tanto as fidelidades familiares e comunitárias como as religiosas e políticas.

O que, a meu ver, tinha sido difícil em muitos lugares do campo foi precisamente a passagem de um modo inicial de leitura pública, oral, edificante, sobre a qual falei no primeiro dia, para um modo de leitura privado, silencioso, em que cada um, ou principalmente, cada uma — pois na França, tanto no campo como na cidade, as mulheres leem mais que os homens — encontra palavras que permitem expressar o que tem de mais íntimo; em que o jogo da língua possibilita um pouco de jogo no que tange aos lugares prescritos, e onde surge a ideia de que todos têm o direito de tomar a pena e a palavra.

A passagem da primeira para a segunda vertente da leitura não se deu sem dificuldades. Porque preocupava aqueles que detinham o poder e que nunca quiseram deixar de controlar os que liam. Mas também perturbava as pessoas próximas ao leitor, porque ela colocava em xeque aquele modo de ser em que a pessoa só existia para ser agregada a um grupo, a uma comunidade. O que estava em jogo era a transição para outra forma de vínculo social.

Quanto a esse aspecto, me parece que há algo que vai muito além do espaço rural francês. Não sei como funciona aqui, espero que vocês possam me dizer. Mas, por exemplo, há algum tempo, vi na televisão um programa gravado na África, em Mali, país essencialmente rural. Alguns escritores falaram da grande dificuldade que encontravam, no dia a dia, para se isolar com o objetivo de ler ou escrever. Aquele que se isola, no Mali, é chamado de "o mau". E o presidente do Mali, historiador de formação, falava da multiplicidade de coisas que estavam em jogo com a alfabetização e a leitura, e seu papel, sobretudo, no acesso à individualização e à noção de liberdade individual.

Não há dúvida de que a leitura ameaça o "holismo", como é chamada, às vezes, essa organização em que o grupo tem sempre prioridade em relação ao indivíduo. Mas não se deve confundir individualização com individualismo, como fazem muitas vezes as pessoas com nostalgias comunitárias. O fato de uma pessoa não querer se manter ligada a um chefe ou uma bandeira não significa que esteja preocupada apenas com sua parte no bolo. Vimos que a leitura, ao contrário, podia conduzir a círculos mais amplos de relação, a novas sociabilidades, a outras maneiras de convívio. E desempenhar um papel importante na democratização profunda de uma sociedade.

Na realidade, as resistências em relação à leitura são proporcionais ao que ela põe em jogo: o modo como um indivíduo se vincula a um grupo, a uma sociedade. É por isso que um dos primeiros atos que os poderes autoritários realizam é controlar as formas de utilização da linguagem impressa. Por isso também, de modo mais amplo, a solidão do leitor diante do texto sempre foi causa de inquietação.

DO LADO DOS PODERES:
O PAVOR DE QUE AS LINHAS SE MOVAM

Centenas de exemplos na história antiga ou atual ilustram o medo que sentem as pessoas detentoras do poder — político, religioso, simbólico ou doméstico — de perder o monopólio do sentido. Como essa pérola de misoginia, formulada por Restif de la Bretonne: "Seria preciso proibir que todas as mulheres tivessem acesso à escrita e à leitura. É um modo de restringir suas ideias e limitá-las aos cuidados úteis da casa; uma maneira de lhes incutir respeito pelo primeiro sexo; os homens receberiam uma educação primorosa, enquanto as mulheres, não".[42]

Ou o exemplo das leis que proibiam aos negros o aprendizado da leitura, particularmente na Carolina do Sul, que estiveram em vigor até meados do século XIX, como lembra Alberto Manguel.[43] Os proprietários de escravos temiam que os negros encontrassem nos livros ideias revolucionárias que pudessem ameaçar seu poder. Por exemplo, através da leitura de panfletos pedindo a abolição da escravatura ou mesmo pela leitura da Bíblia, eles poderiam se abrir às ideias de revolta, de liberdade. Manguel evoca os proprietários de *plantations* que enforcavam qualquer escravo que tentasse ensinar os outros a ler. Evoca também os escravos que apesar de tudo aprenderam a ler pelos meios mais insólitos. Como a mulher que havia aprendido o alfabeto enquanto tomava conta do bebê do proprietário da *plantation*, brincando com blocos onde estavam desenhadas as letras. Quando o proprietário a surpreendeu, deu-lhe pontapés e uma surra de chicote.

Em 1981, no Chile, *D. Quixote* foi proibido pela junta militar, pois Pinochet acreditava (com razão, diz Manguel) "que o livro continha um apelo pela liberdade individual e um ataque à autoridade constituída".[44] E vocês sabem como os últimos anos foram ricos em loucuras desse tipo, principalmente relacionadas com a ascensão dos fundamentalismos. No Egito, a circulação de *As mil e uma noites* foi con-

---

[42] Citado por François Furet e Jacques Ozouf, *Lire et écrire: l'alphabétisation des Français de Calvin à Jules Ferry*, Paris, Minuit, 1977, p. 356.

[43] *Uma história da leitura*, trad. Pedro Maia Soares, São Paulo, Companhia das Letras, 1997, p. 320.

[44] *Ibid.*, p. 337.

trolada. Nesse mesmo país, como também no Irã, Turquia e Argélia, alguns escritores foram perseguidos e assassinados. Os escritores, que sabem muito bem o que significa o medo em relação ao livro, escrevem às vezes fábulas instrutivas. Orhan Pamuk evoca em *Le livre noir*[45] um príncipe que, após ter passado anos lendo, é tomado de angústia com a ideia de não ser mais dono de si mesmo: "Um soberano que reina sobre milhões de pessoas poderia deixar percorrer o seu espírito frases pronunciadas por um outro?". Esse príncipe se lança então numa busca sem fim para ser ele mesmo, "apenas ele mesmo". Passa anos queimando todos os livros de que um dia gostou e que o influenciaram, pois todos os objetos e bibelôs que o cercam, carregados de lembranças, de associações de ideias, o impedem de "ser ele mesmo". Em seguida, afasta todas as pessoas que poderiam lhe influenciar — sobretudo as mulheres, pois "toda mulher que se aproximasse dele, pouco a pouco confundiria seus pensamentos, e se infiltraria em seus sonhos". Bela imagem de Narciso nos fornece esse príncipe, apavorado com a ideia de ver seu reino ameaçado pela intrusão de uma frase, uma lembrança, uma associação de ideias, um sonho amoroso.

Salman Rushdie evocou o medo do livro de maneira parecida, num conto chamado *Haroun e o mar de histórias*,[46] no qual Haroun, que é filho de um contador de histórias, conhece um personagem chamado Mestre do Culto, que tem como única ambição na vida destruir todas as histórias. Então Haroun lhe pergunta: "Mas por que você odeia tanto as histórias? As histórias são divertidas...". O Mestre do Culto responde: "O mundo não é feito para ninguém se divertir. O

---

[45] Orhan Pamuk, *Le livre noir*, Paris, Gallimard, 1990, pp. 429-48.

[46] Paris, 10/18, 1991, p. 187 [ed. brasileira: *Haroun e o mar de histórias*, trad. Isa Mara Lando, São Paulo, Companhia das Letras, 1998].

O medo do livro

mundo é para se Controlar. [...] Todos os mundos existem para serem Dominados. E dentro de cada história, dentro de cada Fio do Mar de Histórias, existe um mundo, um mundo de histórias, que eu não consigo dominar. Esta é a razão". Creio que Rushdie acertou na mosca: as histórias, os devaneios subjetivos dos romancistas, sobretudo, são incontroláveis e, portanto, assustadores para aqueles que querem ter controle de tudo. Os fundamentalistas desejam ter o monopólio absoluto do sentido. E as histórias são inquietantes porque as palavras têm essa característica peculiar de escapar de qualquer controle dos signos, a partir do momento em que cada um pode carregá-las de seu próprio desejo e associá-las, a seu modo, a outras palavras, como vimos no primeiro dia.

Sobre isso, para continuar nossa pequena investigação, para recolher indícios, gostaria de lhes apresentar algo que me interessou muito e que demonstra até onde pode levar a vontade política de controlar os jogos da linguagem. Trata-se das observações de uma linguista argelina, Malika Greffou, sobre o sistema de ensino do árabe em vigor na Argélia há mais de trinta anos. Esse sistema, ela observa, tem a única finalidade de empobrecer a língua para tentar reduzi-la a uma mera função instrumental. Explica que durante os quatro primeiros anos de escola, as crianças não ouvem nem leem texto algum. Elas são condicionadas a reflexos pavlovianos por métodos audiovisuais do tipo pergunta-resposta. O que se pretende é ensiná-las uma língua oral, de diálogo — não uma língua para a descrição, narração, argumentação e pensamento. Esse modelo adotado na Argélia em 1965 foi, na realidade, emprestado do modelo em vigor na França da época; modelo para as classes reservadas às crianças filhas de imigrantes e aos jovens franceses com deficiências intelectuais! Nessa "campanha de reeducação linguística", a vontade de empobrecer a língua, colocar-lhe freios, vai muito longe. As instruções oficiais do Ministério argelino da Educação che-

114   Os jovens e a leitura

gavam a restringir o número de cores ensinadas, recomendando explicitamente aos professores que dessem sempre preferência, por exemplo, à palavra "vermelho" a "carmim", ou ao termo genérico "pássaro" a "andorinha". Malika Greffou comenta: "Não há andorinha; portanto, não há primavera para nossas crianças. O que nossos doutrinadores têm em mente? Certamente não são aves migratórias nem fadas de todas as cores". O mesmo ocorre no caso do ensino religioso. O acesso ao texto — relatos, versículos, poesia — é proibido, para dar preferência ao uso do audiovisual e de fichas. Inútil dizer que, nas raras escolas que possuem uma biblioteca, as crianças não são encorajadas a ler, e às vezes são até proibidas de tocar nos livros.[47]

Borges dizia que a verdadeira função dos monarcas era construir fortificações e incendiar bibliotecas. Querer controlar os deslocamentos no espaço e os jogos da linguagem é provavelmente uma única e mesma coisa. Um mesmo pavor de que as linhas se movam, um mesmo temor daqueles e daquelas que não podem ser trancados em uma casa. Então, ali onde existe uma *cultura*, feita de contribuições múltiplas, aberta a todos os jogos, a todas as apropriações, os poderes autoritários quiseram impor um *código*, um conjunto de preceitos; ali onde existe um quadro, nuances, luzes e sombras, eles quiseram substituir por uma moldura rígida. E em nenhum lugar se está a salvo de sua determinação em controlar o jogo das palavras: por exemplo, na França, um partido de extrema direita, xenófobo, ganhou as eleições recentemente em vários municípios. Quando assumiu o poder, uma das primeiras medidas foi colocar as mãos nas bibliotecas, limitar o acesso a elas e controlar seus acervos.

Mas deveríamos estar atentos às formas mais sutis que esse medo dos jogos de linguagem pode assumir. O medo do

---

[47] Mohamed Benrabah, *Langue et pouvoir en Algérie: histoire d'un traumatisme linguistique*, Paris, Séguier, 1999, p. 148.

que pode surgir de modo imprevisível, graças à polissemia da língua. Em especial, o medo aos textos literários, nos quais a língua respira, volta a brilhar, e onde se expressam a contradição e a complexidade humanas. As sociedades ocidentais também estão doentes, a seu modo, na maneira como tratam a língua, nessa ideologia da "comunicação" que induz a uma representação da língua como um simples comércio de informações. Nesta visão rígida do "código" semântico, que se realiza nessa era de primazia do técnico, de multiplicação dos jargões utilitários. E é bom lembrar que o modelo utilizado na Argélia foi concebido na França, provavelmente com as melhores intenções. E esta maneira de mutilar a língua é acompanhada, naturalmente, de uma pane do imaginário e da "crise do vínculo social".

O que complica ainda mais as coisas, é que o soberano que teme perder o controle de seu pequeno reino e que gostaria de dominar tudo, pode também atuar no coração da família e no coração de cada um. É o que veremos, depois desta digressão, quando voltarmos aos jovens que vivem nos bairros marginalizados dos quais falei extensamente ontem.

TRAIR OS SEUS?

Ontem eu dizia que uma minoria ativa se apropria das bibliotecas instaladas nesses bairros e dos livros que nelas se encontram. Uma minoria, pois é preciso dizer que a maioria dos que vivem ali, infelizmente, nunca passou da porta dessas bibliotecas.

E a razão disso é que esses jovens também se confrontam com vários obstáculos e interditos. Muitas vezes encontramos em suas famílias características semelhantes às que pudemos observar no meio rural: a exigência do que é considerado "útil", a desconfiança em relação ao que se pensa ser algo próprio dos ricos, ou mesmo dos exploradores, dos colonizadores. E também encontramos o medo do livro que poderia transformar o leitor, levá-lo a outros lugares, afastá-lo dos seus, emancipá-lo do grupo.

Por exemplo, em determinadas famílias de imigrantes vindas da África do Norte, ou mais frequentemente da Turquia, esta desconfiança é aberta e declarada. Chega a ponto de comprometer a escolaridade das crianças, como explica Aïché, que ajuda as crianças de origem turca a fazerem seus deveres:

"No ensino fundamental, você tem a imagem do homem pré-histórico. Nossa religião não a aceita. Então a criança volta para casa com seus livros e os pais a repreendem: 'O que significa isso? Contam uma história estúpida e você acredita nela' [...]. E depois, a química, a biologia, tudo isso, a imagem que o professor constrói na cabeça da criança é destruída em casa. Então a criança não se encontra mais. Ouvi muitos alunos dizerem: 'Minha mãe disse que tudo que faziam na escola era besteira: o que significam essas histórias de ratos que falam?' [ela se referia às histórias dos livros infantis em que os animais falam]".

A própria Aïché, que tinha grande desejo de aprender e de ler, teve de contornar esses interditos: "Meus pais me proibiam de pegar qualquer livro francês. Me diziam: 'O que você pegou agora?'. E eu respondia: 'Não, não, mãe. São livros que peguei há três semanas, vou devolvê-los à biblioteca'".

Ouçamos ainda este jovem curdo, que fala do lugar de origem de seus pais:

"Lá tudo era pequeno, era o deserto, e havia uma cultura [...] todo mundo tinha a mesma, uma religião igual, e o trabalho era realizado no campo ou na construção. A vida deles é baseada nessas poucas coisas. Não veem o mundo como nós o vemos. Veem apenas o canto deles. Não veem o resto [...]. Quando lhes falam de algo novo que não conhecem, encontram sempre uma resposta negativa. É realmente medo o que sentem; como não conhecem, colocam uma barreira. Não é por mal, para discriminar algo, um objeto ou um ser humano; não, é realmente uma proteção, querem que fiquemos em seu círculo. Mas não podemos mais ficar no seu círculo".

Quando se viveu em um registro de balizas muito estreitas para pensar a relação com o que está à sua volta, introduzir conhecimentos ou valores novos pode ser percebido como algo perigoso, que desestabiliza demais um universo frágil. As famílias recém-chegadas nesses bairros das periferias das cidades francesas, oriundas, repito, de meios rurais analfabetos, se veem às voltas com uma verdadeira colisão de universos culturais, principalmente no que diz respeito à situação das jovens. E é um pouco como se a família devesse ser uma fortaleza, não sofrendo nenhuma transformação. Evidentemente, a leitura representa o risco de que o mundo exterior faça uma irrupção, que faça tremer os muros da fortaleza. Temem que os livros levem seus filhos, receiam perder o controle sobre eles, e mais ainda sobre elas; lhes assusta a ideia de que as desviem do mundo doméstico no qual pretendiam confiná-las.

Algumas crianças, sobretudo algumas meninas, tiveram que conquistar com muita luta o direito de ler e de ir à biblioteca, tiveram que enfrentar a resistência dos pais em relação à cultura letrada. Como Zohra, que é de origem argelina:

> "Não admitiam que houvesse uma cultura, principalmente uma cultura francesa. Para eles a palavra cultura significava sobretudo 'ficar em casa e se proteger o

melhor possível do exterior'. Era preciso conquistar o direito de ir à biblioteca. Não era uma obrigação, os pais não se sentiam obrigados [...]. A biblioteca era mais um lugar de prazer e de lazer, e eles sempre tiveram dificuldade em aceitar isso. Quando meus pais viam os quatro lendo e que não queríamos nos mexer porque tínhamos um livro nas mãos, começavam a gritar; não aceitavam que nós lêssemos por prazer. Tinham dificuldade em aceitar que tivéssemos momentos para nós".

Entretanto, gostaria de lembrar que, mesmo neste caso em que o medo é explícito, a situação pode mudar. Ouçamos novamente Zohra: "Meu pai, muitas vezes, lia o jornal, no dia do *tiercé* [uma espécie de loteria popular baseada em corridas de cavalos]. Parecia que estava lendo. Ele até usa óculos hoje em dia; e ele continua, lê o jornal a partir dos números. Conhece perfeitamente seu jornal [...] chega a codificar, encontrar pontos de referência". Assim, neste casal tão hostil à leitura, o pai é analfabeto... mas é, a seu modo, um "leitor". Quanto à mãe: "Muitas vezes minha mãe me dizia: 'Você deveria escrever um livro'. Ela tinha vontade de contar sua história! Porque muitas vezes nos contava histórias de família terríveis, e eu pensava em como seria bom se eu pudesse escrever tudo aquilo, porque vou esquecer tudo o que ela me contava...".

Assim, quase poderíamos nos perguntar se, ao se apropriar da cultura escrita e mais tarde tornar-se bibliotecária, Zohra não deu voz a uma parte secreta de seus pais, se não realizou um desejo não expresso por esta cultura letrada tão criticada. Ou também podemos pensar que a apropriação dos livros por parte de Zohra e de suas irmãs revelou em seus pais um desejo desse tipo.

Acompanhemos agora Zuhal, que é de origem turca, e cuja história é semelhante:

O medo do livro

"Meus pais viam a leitura com desconfiança. Diziam: 'Que tanto pode ter nesse livro?'. E agora mudaram de opinião [...]. Meus pais desconfiavam das pessoas que liam. Até me lembro do que diziam algumas vezes: 'Mas o que pensam fazer com todos esses livros? Não servem para nada, não leiam'. E acredito que talvez tenha sido isso que nos levou, a mim e às minhas irmãs, a ler e a continuar".

A mãe de Zuhal não recebeu praticamente nenhuma educação. Cito: "Hoje, ela voltou para a escola, tenta aprender francês. Começou a ler e tem muita vontade de ler sozinha. Na biblioteca, vai à seção de jovens, eu acho, para ler. Realmente, houve uma mudança total".

Dei exemplos de famílias muçulmanas. Mas nos bairros populares, para muitas famílias de origem francesa, ler também é um ato assustador, um ato a ser criticado. Várias vezes encontrei pais descontentes com o fato de seus filhos serem bons alunos e bons leitores. Havia, é claro, uma rivalidade, consciente ou inconsciente, uma preocupação em ser "superado", e da qual se protegiam ridicularizando os meninos que, segundo eles, fariam melhor em correr atrás das meninas. Este é um tema importante sobre o qual voltarei a falar em breve.

No entanto, gostaria de recordar que ir mais longe que os pais, distinguir-se deles, nunca foi tarefa fácil. Esse fato pode ser encarado como uma traição, um assassinato simbólico. Freud observou isso ao analisar o sentimento de culpa que acompanha o êxito: "É como se o principal, no êxito, fosse ir mais longe que o pai, e como se fosse sempre interdito que o pai fosse superado".[48] É o que o sociólogo Pierre Bourdieu também nota, ao observar o dilaceramento que nas-

---

[48] Sigmund Freud, "Un trouble de mémoire sur l'Acropole", in *Résultats, idées, problèmes II*, 1921-1938, Paris, PUF, 1985, pp. 221-30.

ce da experiência do êxito vivido como uma transgressão: "Quanto mais êxito você tem, mais você fracassa, mais você mata seu pai, mais você se separa dos seus".[49]

Alguns escritores falaram dos riscos destas escapadas solitárias, algumas vezes com resultados trágicos, como no caso de Jack London em *Martin Éden*, um livro largamente autobiográfico, em que o herói, um operário fanático pela leitura e louco de orgulho, após se tornar romancista, nunca mais se sente compreendido por ninguém, nem em seu meio de origem, nem entre os ricos, e acaba se suicidando.

Tudo isso não significa evidentemente que não se deva sair de seu lugar, mas que se trata de uma aventura complexa, mais do que se imagina, que exige ser elaborada, pensada e acompanhada. E quando "ir mais longe que seu pai", diferenciar-se dos seus, se caracteriza também por um distanciamento geográfico, devido a uma migração — no interior de um país, ou de um país para outro —, as coisas podem ser ainda mais difíceis. Com muita frequência, culpa-se o imigrante e ele interioriza essa culpa; nunca termina de pagar sua dívida sustentando aqueles que ficaram em seu país natal e provando incessantemente que não traiu sua cultura de origem nem os valores que vigoravam em sua aldeia.

Assim, fracassar na escola, rejeitar a cultura letrada, pode ser então, inconscientemente, uma maneira de pagar uma dívida para com essa cultura de origem, ou a cultura de seus pais. É o que os psicólogos observam frequentemente quando se confrontam com crianças que rejeitam a linguagem escrita.

Mencionei famílias nas quais o medo em relação aos livros se apresenta de forma visível, declarada. Mas existem também aquelas em que este medo é dissimulado, nas quais, por exemplo, os pais afastam os filhos dos livros porque insistem demasiado para que leiam.

---

[49] Pierre Bourdieu, "Les contradictions de l'héritage", *in La Misère du monde*, Paris, Seuil, 1993, pp. 711-8.

No meio rural, por exemplo, a ordem secular de não perder tempo foi pouco a pouco substituída — ou, sobretudo, acrescida — de um outro imperativo: "É preciso ler, é preciso ter instrução". Ouçamos o exemplo desta mulher que fala de suas filhas: "Eu lhes disse: 'é preciso ler, é preciso ler' [...]. E em cada aniversário, por menores que elas fossem, eu lhes dava livros, o tempo todo...".

Na França, de maneira geral, os discursos sobre a leitura se inverteram. Até os anos 1960, eles se preocupavam acima de tudo com os perigos que uma difusão descontrolada da leitura poderia causar. Depois, todo mundo passou a se queixar de sua difusão insuficiente; a leitura é vista agora pela maioria dos pais como um capital, e tanto as pessoas do campo como as da cidade lamentam em uníssono que "os jovens não leem o suficiente". Mas é preciso observar que muitas vezes é com uma visão utilitarista, restrita, que desejam que seus filhos leiam: é preciso ler para melhorar o francês, para ter acesso ao conhecimento, para ter boas notas na escola — neste período em que a França enfrenta uma alta taxa de desemprego e em que se pergunta o que fazer para que esses jovens tenham chance de encontrar um emprego.

Assim sendo, para as gerações anteriores, o desejo de ler franqueava às vezes um caminho quando, com uma lanterna na mão, se lia sob os lençóis, às escondidas, contra o mundo todo. Hoje em dia se tem a impressão de que é entre o "proibido" e o "obrigatório" que o gosto pela leitura deve se dar. Tanto no campo como na cidade, as crianças estão às voltas com ordens paradoxais: "devem gostar de ler", ou em outras palavras, "devem desejar o que é obrigatório". E alguns pais podem, por um lado, estimular seus filhos a ler, pois isso parece útil aos estudos, e ao mesmo tempo ficarem irritados ao surpreendê-los com um livro na mão.

Continuando com o tema das resistências — fiquem tranquilos, teremos a oportunidade de abordar também aspectos mais positivos —, é preciso dizer algumas palavras sobre a escola, apesar de não estar particularmente qualificada para fazê-lo.

Se a escola fornece aos jovens os meios para libertá-los dos determinismos sociais, se alguns professores fazem de tudo para "empurrar" as crianças, para ajudá-las a evitar o que é preestabelecido, outros, infelizmente, contribuem para que a escola funcione como uma máquina de reprodução da ordem social, uma máquina de exclusão.

Os jovens dos bairros marginalizados estão frequentemente destinados a formações escolares pouco qualificadas, que eles mesmos chamam de *"placards"* ou *"voies de garage"*, quer dizer, "na geladeira" ou "de escanteio". Ouçamos Zohra: "Nós, naquela época, estávamos 'na geladeira'. A professora era, em poucas palavras, a professora dos débeis mentais e dos estrangeiros, porque a classe era composta por não francófonos e por crianças com dificuldades de aprendizagem, que às vezes eram de origem francesa". E desde a infância tiveram de aprender a usar a astúcia, como Nejma:

> "Todos nós éramos encorajados a fazer cursos rápidos, e me lembro até de um professor de matemática que dizia a meu irmão mais novo: 'Sim, você vai ficar bem com seus amigos, vão estar bem todos juntos fazendo um curso técnico'. Nunca nos deixamos influenciar, e todos fizemos estudos superiores [...]. Os professores encorajavam alguns a fazerem cursos específicos. E isso, em geral, mesmo quando somos pequenos, é bastante sentido. Lembro-me de que no meu primeiro ano de escola eu não falava, não conhecia todas as palavras em francês e me recordo que escondia isso porque sentia que se o revelasse, podia voltar-se contra mim. E, realmente, todas as crianças que tinham dificuldades eram colocadas em uma escola especializada de onde não saíam mais. E, mesmo sendo pequena, e sem saber exatamen-

O medo do livro

te por que, sentia as coisas, via que não devia confiar em determinada pessoa, e que devia esconder essa minha desvantagem".

Mas nem todo mundo tem a perspicácia e a combatividade de Nejma. Outros continuarão com a ideia de que a aprendizagem é uma humilhação diária. E que a língua dos livros é a língua dos que detém o poder. Daí as condutas defensivas para compensar sua marginalização cultural, sua exclusão simbólica, política. E as revoltas quando se sentem acuados pela submissão, pela impotência, e que podem chegar ao ódio à cultura e até ao vandalismo contra as instituições que a representam.

É preciso observar que mesmo entre os jovens que tiveram êxito em seu percurso escolar, muitos não sentem afeição pela escola. Entre nossos entrevistados, muitos concordam, por exemplo, que o ensino tem um efeito dissuasivo sobre o gosto pela leitura. Queixam-se dos cursos em que se dissecam os textos, nos quais não conseguem se reconhecer. Das abomináveis "fichas de leitura", dos programas de curso que rendem culto ao passado, de todo o jargão tomado de empréstimo à linguística com o qual são sufocados etc.

De modo mais abrangente, alguns sociólogos puderam resumir assim a situação: "Quanto mais os alunos vão à escola, menos livros leem".[50] Segundo eles, o ensino do francês contribuiria para criar um processo de rejeição à leitura. Em particular, a passagem do ensino fundamental para o ensino médio (por volta dos quinze anos), que seria acompanhada por "uma transformação profunda das normas de leitura, que exige uma verdadeira 'conversão mental' e desestabiliza a maioria dos alunos...". A partir desse momento, os estudan-

---

[50] Christian Baudelot e Marie Cartier, "Lire au collège et au lycée", *Actes de la Recherche*, nº 123, jun. 1998, p. 25.

tes devem tomar uma atitude distanciada em relação aos textos; uma atitude erudita, de decifração do sentido, rompendo com suas leituras pessoais anteriores.

Talvez o predomínio, no sistema de ensino francês, de um modelo de leitura entendida como "decodificação" ou "decifração" do texto iniba a emoção e impeça a identificação. Mas as queixas dos alunos são sensivelmente as mesmas em outros países, como na Alemanha, onde a formação literária por sua vez está orientada no sentido do retorno para si mesmo, mais que para o distanciamento em relação aos textos. Sem dúvida, há também uma contradição irremediável entre a dimensão clandestina, rebelde, eminentemente íntima da leitura para si mesmo, e os exercícios realizados em classe, em um espaço transparente, sob o olhar dos outros. Evidentemente, deve-se estabelecer nuances. Veremos amanhã, como certos educadores transmitem sua paixão e introduzem os jovens em uma relação totalmente diferente com os livros. Pois o que também está em questão é a relação pessoal do professor com a leitura.

Mas voltando ao tema dos jovens de meios desfavorecidos. Para eles, muitas vezes, os livros lembram demais a escola, e isso lhes traz recordações de humilhação e de aborrecimento. Recusam esse saber que, por sua vez, os ignorou; têm uma relação de despeito amoroso com a língua e a cultura letrada.

O MEDO DA INTERIORIDADE

Esse medo ocorre principalmente com os rapazes, que são reféns de grupos que lhes oferecem um sentimento de inclusão, em que se "garantem" e se controlam uns aos outros. Pois além dos pais temerosos de que os livros levem seus filhos longe demais, além dos professores que nem sempre conseguem transmitir que ler não significa necessariamente submeter-se a um sentido imposto, além disso tudo existem os amigos. E os comportamentos de fracasso ou de rejeição à escola, ao conhecimento, à leitura, constituem uma armadura que eles confundem com virilidade, e são reforçados pelo desejo de não serem rechaçados pelo grupo. Um assistente social contou-me que no bairro em que trabalhava, quando um rapaz se sentia tentado a se aproximar dos livros, os membros de seu grupo lhe diziam: "Não vá. Você vai perder a sua força".

Frequentemente, nos meios populares, o "intelectual" é considerado suspeito; é colocado de lado como um pária, considerado um "puxa-saco", maricas, traidor de sua classe, de suas origens etc. Muitos sociólogos e escritores têm relatado isso em diferentes países. Inclino-me a pensar que se trata de algo amplamente compartilhado, para além das fronteiras, mesmo que, naturalmente, as variações culturais sejam importantes. Darei alguns exemplos, pois é preciso conhecer muito bem essa forma de resistência para, eventualmente, poder ajudar os jovens a contorná-la.

Acompanhemos o escritor Andreï Makine: a história se passa na Rússia; o narrador é um adolescente interno em um pensionato e que gosta muito de ler:

"A sociedade em miniatura de meus colegas me reservava, seja uma condescendência absorta (eu era um 'imaturo', não fumava e não contava histórias obscenas em que os órgãos genitais masculinos e femininos eram os principais personagens), seja uma agressividade cuja violência coletiva me deixava perplexo: eu me sentia muito pouco diferente dos outros, não acreditava que eu merecesse tanta hostilidade. É verdade que eu não me extasiava diante dos filmes que sua minissociedade comentava durante os recreios, não diferenciava um time de futebol do outro, dos quais eram torcedores fanáticos. Minha ignorância os ofendia, viam nela um desafio. Atacavam-me com suas ironias, com seus punhos".[51]

Acompanhemos agora o escritor Paul Smaïl, que descreve o pátio de recreio de uma grande escola de Paris. O narrador é de origem kabila:

"Comecei a lutar boxe aos treze anos. Estava na 8ª série do Jacques-Decour [trata-se da escola] e, a cada recreio, me cobriam de socos. E na saída me tiravam tudo: meu gorro, minha jaqueta, minha mochila... Por quê? Porque eu era o mais jovem, justamente, e tinha as melhores notas. Porque as meninas gostavam de mim. Porque eu lia o tempo todo. Porque não me sentia desonrado em responder quando o professor interrogava a classe. Porque um dia, o professor de francês leu minha redação para toda a classe, usando-a como modelo. Porque, como meu pai, eu achava importante falar corretamente [...]. Quando vejo no jornal da TV uma notícia sobre o genocídio que os Hutus cometeram contra os Tutsis, eu revejo o pátio da escola Jacques-Decour".[52]

Vejam agora os adjetivos atribuídos pelos alunos de escolas técnicas ou profissionalizantes na França, ao aluno que gosta de ler: é um "palhaço", um "pretensioso" de óculos, "filhinho (ou filhinha) de papai", um desajeitado, sem personalidade, alguém que acredita ser melhor que os outros, um doente, um tapado, um solitário, um chato etc. Como disse François de Singly, o sociólogo que comenta essa pesquisa: "Basta escutar a descrição de um aluno que gosta muito de ler feita por seus colegas de um curso de contabilida-

---

[51] *Le Testament français*, Paris, Mercure de France, 1995, p. 139.

[52] *Vivre me tue*, Paris, Balland, 1997, pp. 26-7.

O medo do livro

de, para entender que, se existe um jovem como este, vive escondido".[53]

De fato ele se esconde. O sociólogo Erving Goffman, em seu livro *Stigmate*, nos dá mais um exemplo, desta vez na Inglaterra, de um "bandido" que se esconde de seus conhecidos para ir à biblioteca: "Eu ia a uma biblioteca pública perto de onde morava e olhava para trás duas ou três vezes antes de entrar, só para estar seguro de que não havia ninguém que me conhecia nas redondezas e que poderia me ver naquele momento".[54]

Nos meios populares, mas não só neles, existe a ideia de que ler efeminiza o leitor. Num livro intitulado *Psiu*, que trata do amor pela leitura, escrito por Jean-Marie Gourio, o pai do narrador, que até então nunca havia tocado um livro, um dia compra um pequeno tratado médico. E ei-lo caminhando pelas ruas, não sabendo como carregar esse objeto insólito:

> "esse pequeno livro de poucos gramas lhe pesava na extremidade do pulso e lhe deixava a nuca tensa, sendo que ainda mancava um pouco em consequência de seu ferimento; com seu livro, papai dava a impressão de ser um verdadeiro inválido! E logo — faltavam apenas trinta metros a percorrer — sentiu-se aliviado de poder colocar sua aquisição sobre o balcão. Parecia até que tinham lhe pedido que caminhasse de vestido e salto alto!".[55]

---

[53] *Les Jeunes et la lecture*, Ministère de l'Éducation Nationale et de la Culture, Dossier Éducations et Formations, 24, jan. 1993, p. 124.

[54] *Stigmate: les usages sociaux des handicaps*, Paris, Minuit, 1975, p. 13 [ed. original: *Stigma: Notes on the Management of Spoiled Identity*, 1963].

[55] *Chut*, Paris, Julliard, 1998, p. 54.

O narrador, por sua vez, que se apaixonou por uma bibliotecária e se deixa levar pelos devaneios, pelas metáforas, observa: "Antes, nunca tinham me ocorrido semelhantes excentricidades; eu mesmo teria me chamado de maricas". Essa associação entre o fato de se aproximar dos livros e o risco de perder a virilidade pode ocorrer diante de tudo o que é escrito e que apresenta o risco de influenciar o leitor, ainda que de forma momentânea: esses rapazes confundem deixar sua carapaça de lado por uns minutos e se precipitar num abismo de fraqueza.[56] Mas isso fica particularmente claro no caso de leituras que têm muito a ver com a interioridade. Para os rapazes, não é fácil aceitar que haja neles um espaço vazio em que se pode acolher a voz de um outro; e esse tipo de leitura pode ser percebido, inconscientemente, como algo que os expõe ao risco de castração. A passividade e a imobilidade que a leitura parece exigir podem também ser vividas como algo angustiante. De fato, abandonar-se a um texto, deixar-se levar, deixar-se tomar pelas palavras, pressupõe talvez, para um rapaz, ter que aceitar, que assimilar seu lado feminino. Se isso é algo relativamente fácil nas classes médias ou em um meio burguês — onde existem outros modelos de virilidade, onde a cultura letrada é reconhecida como um valor —, é particularmente difícil em um meio popular, onde os rapazes se mantêm sob estreito controle mútuo.

Os conflitos socioculturais podem reforçar ou mascarar os medos mais inconscientes: esses rapazes talvez não suportem a dúvida, a sensação de carência que acompanha todo aprendizado, e se sintam perseguidos por palavras que os remetem a interrogações arcaicas, à morte, ao sexo, aos mistérios da vida, à perda.

Não esqueçamos a antiga associação entre o livro, o conhecimento e os mistérios do sexo. Encontramos, aliás, sinal disso no fato de que muitas vezes obtemos os primeiros co-

---

[56] Serge Boimare, *Nouvelle Revue de Psychanalyse*, nº 37, 1988.

O medo do livro

nhecimentos sobre o sexo no dicionário. Se a curiosidade foi por muito tempo considerada um defeito, isso não deixa de ter relação com o fato de que, segundo a psicanálise, a pulsão de conhecimento se origina na curiosidade sexual da infância.[57] De maneira mais precisa, a curiosidade consiste, num primeiro momento, em saber do que é feito o interior do corpo e, por excelência, o interior do corpo materno. Melanie Klein e James Strachey, por exemplo, mostraram que havia uma equivalência para o inconsciente entre os livros e o corpo materno.[58] Melanie Klein escreveu: "Ler significa, para o inconsciente, tomar o conhecimento do interior do corpo da mãe [...] o medo de despojá-la é um fator importante nas inibições em relação à leitura".

Alberto Manguel também reconhece isso em sua *História da leitura*, quando diz:

> "O medo popular do que um leitor possa fazer entre as páginas de um livro é semelhante ao medo intemporal que os homens têm do que as mulheres possam fazer em lugares secretos de seus corpos, e do que as bruxas e os alquimistas possam fazer em segredo, atrás de suas portas trancadas".[59]

Se estou indo um pouco longe, é justamente para que sintam que a leitura não é uma atividade anódina à qual, fre-

---

[57] Ver, por exemplo, Melanie Klein, *Psychanalyse des enfants*, Paris, PUF, 1990, e "Contribution à la théorie de l'inhibition intellectuelle", *in Essais de psychanalyse*, Paris, Payot, 1968; Roger Dorey, *Le Désir de savoir*, Paris, Denoël, 1988, e Françoise Schulman, "Le lecteur, ce voyeur", *in Esprit*, n° 453, jan. 1976.

[58] Melanie Klein, "Contribution...", *op. cit.* e James Strachey, "Some Unconscious Factors in Reading", *in International Journal of Psychoanalysis*, 1930, vol. 11.

[59] *Op. cit.*, p. 37.

quentemente, alguns gostariam de reduzi-la. E para dizer também que é possível ajudar os jovens a superarem esses medos: por exemplo, na França, o psicoterapeuta Serge Boimare[60] reconcilia os rapazes com a leitura apresentando-lhes mitos, contos, poesias, metáforas, que enriquecem seu imaginário, graças aos quais eles podem filtrar esses sentimentos inquietantes que a leitura e as situações de aprendizagem despertam neles e que paralisam seu pensamento. Ao ler para eles a cosmogonia de Hesíodo, os contos de Grimm ou os romances de Júlio Verne, Boimare lhes permite simbolizar fantasmas muito arcaicos. Assim, sua necessidade de controle e de domínio, sua rigidez, dão pouco a pouco espaço para movimentos psíquicos.

Alguns rapazes fazem, espontaneamente, uma escolha diferente da virilidade gregária: uma escolha pela busca de si mesmos. Fiquei particularmente surpresa com o número de rapazes que me disseram gostar de ler ou escrever poesia. Mas é claro que não comentam com seus amigos, para evitar a repressão que sofre todo aquele que é "estudioso". É o caso de Nicolas, que diz:

> "Se pensamos: 'esse aí vai gozar de mim...', isso mostra como a vergonha tem um peso muito grande sobre a leitura e a escrita. São coisas reservadas para uma elite. Tenho um amigo que adora frequentar galerias de arte e com ele acontece a mesma coisa: se vai ao clube de esportes, vai guardar isso pra si, não vai falar disso com ninguém... Abrir-se com os outros é cruel demais... A quantidade de gente que lê e que nunca fala disso é enorme".

---

[60] Art. cit.

O medo do livro

Na realidade, nos meios populares, não é qualquer rapaz que vai seguir o caminho da leitura. Com frequência é aquele que, por alguma razão, se diferencia do grupo. Ouçamos novamente Nicolas:

"Não acho que eu seja do tipo que fica vagando pelas ruas. Nunca me integrei ao grupo, porque não tinha a noção de grupo [...]. Foi por isso que fui obrigado a sair da escola. Dois deles me causaram problemas. Fui mais forte que eles, porém todo o grupo caiu em cima de mim, e eles eram cinquenta pessoas. Não tive escolha: deixei a escola, deixei os amigos, eu sentia muito medo".

Vamos ouvir agora Jacques-Alain, que é um leitor assíduo: "Sempre fui um menino solitário e diferente, voltado para dentro [...]. Meus amigos eram os livros". Ou Roger, num outro contexto, o do campo. Roger é um agricultor autodidata:

"De onde me vem esse amor pelos livros? Sabe, aos vinte anos, eu caminhava pela vila, tentava passar desapercebido, não dizia bom-dia a ninguém. Era muito tímido. Voltado para dentro. Nunca joguei futebol, detesto o bar. Gostava de andar de bicicleta, por quê? Como explicar... Não sei. De qualquer maneira, sempre gostei de ler".

Para terminar, ouçamos Richard Hoggart, um intelectual originário das classes populares inglesas, que escreveu sua autobiografia:

"Precisava descobrir algo por mim mesmo, desviar--me do caminho traçado, realizar minhas próprias descobertas, encontrar minhas próprias inspirações, fora daquilo que os professores propunham e muito além do que diziam a maior parte de meus colegas. Esse caminho passava pela biblioteca municipal...".[61]

A individualização e a leitura caminham juntas, mas talvez a leitura pressuponha, ao menos para os rapazes, uma saída *prévia* do grupo, ou uma dificuldade em fazer parte dele ou, ainda, um desejo de diferenciar-se dele. E essa diferença é, em seguida, encorajada, elaborada, de maneira decisiva, pela leitura. Vamos observar que isso pode ocorrer também, em menor proporção, para as meninas. Como ocorreu com Lea, uma jovem de dezessete anos, oriunda do Zaire, que vive na periferia parisiense: "Eles, eles andam em grupo. Eu, ao contrário, quando venho à biblioteca, venho sozinha. Prefiro fazer minhas coisas sozinha, não tenho espírito de coletividade".

Mesmo entre aqueles que frequentam bibliotecas, há alguns que só vão em grupo para fazer suas tarefas, e que nunca tomarão gosto pela leitura ou descobrirão algo por si mesmos. Enquanto há outros que algum dia irão se aventurar sozinhos entre as estantes. Por que, então, alguns permanecem sempre colados aos outros sem que jamais lhes ocorra abrir um livro, enquanto outros traçam um caminho singular em direção à leitura? Por um lado, é uma questão de temperamento pessoal; por outro, existe o pressuposto de que o jovem usuário de uma biblioteca tenha uma autonomia que, na realidade, espera-se que tanto a leitura como a biblioteca ajudem a construir. Porém, elas podem apenas encorajar, contribuir para isso. Se a leitura e a biblioteca ajudam muito quem tem vontade de mudar, de se tornar diferente, de "desviar do caminho traçado", isso é muito mais incerto para quem está pouco seguro desse desejo.

---

[61] *33 Newport Street, Autobiographie d'un intellectuel issu des classes populaires anglaises*, Paris, Gallimard/Seuil, 1991, p. 228.

O medo do livro

Dizendo de outra forma, a leitura pode reforçar a autonomia, mas o fato de alguém se entregar a ela já pressupõe uma certa autonomia. A leitura ajuda a pessoa a se construir, mas pressupõe, talvez, que ela já tenha se construído o suficiente e que suporte ficar a sós, confrontada consigo mesma. Em termos psicanalíticos, a leitura ajuda a elaborar a "transicionalidade", para usar a expressão de Winnicott, porém pressupõe que se tenha tido acesso a essa transicionalidade, que se tenha saído do estado da "fusão".

Para ler livros e, mais ainda, para ler literatura — que é algo que perturba, que põe em questão a segurança, as relações de pertencimento —, é necessária uma estruturação mínima do sujeito? Que margem de manobra dispomos para atrair as pessoas para a leitura, jovens ou menos jovens, que necessitam de uma identidade feita de concreto armado (pela falta de uma verdadeira segurança em relação à identidade)? Não sei, seria preciso refletir mais sobre isso com psicanalistas e psicólogos.

Se não se pode trabalhar nesse sentido, então teremos, na maior parte do tempo, dois caminhos: alguns vão escolher o espírito de grupo viril, e terão medo do encontro consigo mesmo que a leitura implica, medo da alteração que ela acarreta e da carência que ela pode significar; e outros vão escolher um caminho singular. Evidentemente, um homem que não tem medo de sua própria sensibilidade me parece muito mais maduro, mais humano, que aqueles que se deslocam em hordas, alardeando ruidosamente a força de seus músculos. Não escondo minha preocupação ao observar que na França, segundo pesquisas recentes, a divisão entre rapazes e moças tem se acentuado no que toca à leitura: três quartos dos leitores de romances hoje em dia são leitoras. Então, o que fazer para que os rapazes tenham menos medo da interioridade, da sensibilidade?

Como lhes transmitir, em particular, a experiência de outros homens que nela encontraram dimensões infinitamente desejáveis? Como o escritor Jean-Louis Baudry, que escreveu um belo texto sobre sua relação com a leitura — e com as mulheres —, do qual extraio algumas frases:

"A leitura me parecia uma atividade especificamente destinada às mulheres, como, por exemplo, a dança. Os homens só participavam dela na medida em que esta os conduzia mais diretamente às mulheres. Ler um livro era se fazer de cavalheiro a serviço dos prazeres de sua dama, que eram, antes de tudo, prazeres de expressão. A leitura era tão feminina que feminilizava aqueles que, como meu pai, entregavam-se a ela. Feminilizava-os a ponto de torná-los capazes de refletir a luz dessas virtudes que as mulheres resplandeciam, virtudes associadas ao exercício e ao domínio da linguagem: inteligência, sutileza, fineza, imaginação, e o dom que elas pareciam possuir de enxergar além das aparências. Mas sobretudo, e talvez um pouco paradoxalmente, a leitura constituía um dos atributos da autonomia que eu lhes atribuía".[62]

Uma vez mais, a leitura se vê associada às mulheres. Mas, para esse escritor, longe de torná-la desprezível, ao contrário, é o que constitui seu encanto, seu atrativo.

Eis aí, portanto, um certo número de "materiais" sobre o medo em relação ao livro. Eu os levei a passear por muitos lugares — dos campos franceses às margens da Arábia, dos fantasmas arcaicos às plantações escravagistas, e imagino que já devam estar mareados. Assim, sem ter a pretensão de dizer a última palavra sobre tudo isso, pois a questão é imensa e permanece aberta, o que podemos observar se nos esforçarmos em recapitular um pouco? Haverá algo em comum, cla-

---

[62] "Un autre temps", in Nouvelle Revue de Psychanalyse, nº 37, 1988.

O medo do livro · 135

ro que em graus muito diferentes, entre os fundamentalistas religiosos, os rapazes preocupados com a perda de sua virilidade, os pais que temem perder o controle sobre seus filhos etc. etc.?

Talvez seja o temor de perder o domínio sobre algo. O medo de se ver confrontado com a carência, com a pluralidade de sentidos, com a contradição, a alteridade, de se perceber múltiplo. O medo de ver a identidade desmoronar, quando esta é vista como algo monolítico, imutável, total. Ou talvez seja, ao menos, a dificuldade de passar de um modo em que a identidade é vivida como uma entidade fixa, preservada por um alto grau de oclusão diante do outro, para um modo no qual a identidade é concebida mais como um processo, um movimento, e o outro é visto como uma possibilidade de enriquecimento.

Aquele que fica à distância dos livros teme perder alguma coisa, enquanto o que se aproxima deles sente que tem algo a ganhar. O primeiro teme se confrontar com uma carência, que tenta negar com todas as suas forças. O segundo acredita que, por meio dos livros, e em particular da literatura, poderá, ao contrário, apaziguar seus medos. É o que diz o escritor italiano Alessandro Baricco:

> "A literatura deve ser um meio para que possamos enfrentar a tristeza da realidade, os nossos medos e o silêncio. Ela deve tentar pronunciar palavras, pois temos medo do desconhecido e do inominável. Acredito que todas as histórias — tanto as minhas como as de outros escritores — são apenas elaborações linguísticas complexas que tentam dar um nome a nossas feridas, a nossos medos, tornando-os, deste modo, menos assustadores. É o imenso valor ético e civil das narrações [...]. Se muitas pessoas leem meus livros, é porque sentem, como eu, medo da realidade, ainda que não tenham consciência disso. [...] Se conhecemos o que nos assusta, podemos

enfrentá-lo. Nomear é conhecer. Portanto, os escritores nos ajudam a dominar nossos medos. Pessoalmente, prefiro a dominação das narrações à dominação exercida pela ciência, a filosofia ou a religião. No filósofo, no erudito ou no padre, há sempre uma espécie de autoridade que não se encontra no escritor".[63]

Além do mais, quem evita os livros vê neles algo de desencorajador, de austero, distante da vida. Enquanto o leitor sabe que eles podem ser uma fonte de infinito prazer. E para dar um pouco mais de leveza, gostaria de dizer que aqueles que tiveram acesso aos livros evocam, antes de tudo, o prazer de ler. Darei a palavra a eles antes de continuar a percorrer os caminhos pelos quais nos tornamos leitores.

Alguns falam da leitura como um exercício vital ("se a pessoa não lê, morre; ler alimenta a vida"), ou como uma história de amor, de amor à primeira vista. Estes se deixam tocar, invadir pelo texto, se entregam a suas aventuras, se abandonam à alteração: "Kundera mudou minha maneira de ler", conta-nos uma jovem.

"Eu o reli e dessa vez ele me transformou completamente. Deixei de me perguntar o que pensava, ou sobre o que estava ou não de acordo; ele me surpreendia, às vezes me chocava, e a partir disso se deu uma nova descoberta da leitura e dos livros. Já não se tratava de autores e de ideias que podiam me agradar, mas sim do fato de que podiam me trazer algo de diferente".

A leitura pode ser um caso de paixão que não espera, como ocorre com essa mulher, mãe de três filhos, que diz: "Se é realmente apaixonante, me envolvo e não importa que meus filhos gritem, tenham fome, não tem problema: preparo-lhes

---

[63] *Magazine Littéraire*, fev. 1998, p. 81.

um ovo frito e volto correndo para minha leitura". E aqueles que amam ler encontram caminhos alternativos que lhes permitem entregar-se a essa paixão, como este agricultor:

> "Você sabe, eu e minha mulher tivemos sete filhos; isso é algo que realmente mantém uma pessoa ocupada. Minha esposa ajudava na igreja, ensinava o catecismo. Sempre encontramos um jeito de dividir o trabalho, nós nos virávamos. Então, não me venha com essa história de 'não tenho tempo'. Isso não existe. Quando queremos nos organizar, nós conseguimos".

Para essas pessoas, o gosto pela leitura toma muitas vezes a forma de uma incorporação ávida, de uma questão oral. Vejamos algumas expressões que apareceram nas entrevistas: "ler até ficar saciado", "devorei tudo", "saboreei", "é como uma guloseima", "é algo saboroso, saboroso", "queria saborear tudo", "têm aqueles que assaltam a geladeira, eu assalto a biblioteca" etc. Com muita frequência, a intensa necessidade de leitura, a incapacidade de liberar-se dela, faz com que seja comparada a uma droga. Como diz essa mulher: "Os livros são como uma droga. Se não lemos, podemos morrer. Meu marido leu toneladas de livros, leu todas as bibliotecas da cidade, sempre leu e continua lendo o tempo todo. É uma doença. Lia até enquanto comia, não fazia outra coisa".

COMO NOS TORNAMOS LEITORES

Agora, definitivamente, como nos tornamos leitores? Tudo o que dissemos até aqui nos deu muitos elementos para responder a essa questão.

Em grande parte, é uma questão de meio social. Vimos como os interditos, os obstáculos, podem ser numerosos para os que provêm de um meio pobre, mesmo que tenham sido alfabetizados: poucos livros em casa, a ideia de que a leitura não é para eles, a preferência que se dá às atividades compartilhadas em detrimento destes "prazeres egoístas", uma dúvida sobre a "utilidade" dessa atividade, o difícil acesso à linguagem narrativa — tudo que pode dissuadi-los de ler. Acrescente-se a isso o fato de que, se for um rapaz, os amigos estigmatizam aquele que se dedica a essa atividade "afeminada", "burguesa", associada ao trabalho escolar.

Mas os determinismos sociais não são absolutos: na França, um terço dos filhos de operários lê ao menos um livro por mês, e um terço dos filhos de executivos lê menos de um livro por mês. No decorrer dos últimos trinta anos, as diferenças entre as categorias sociais diminuíram para os que têm menos de 25 anos (infelizmente, isto é resultado, sobretudo, da diminuição do número de leitores assíduos nas categorias superiores...). Mesmo nos meios mais familiarizados com o livro (inclusive nos meios editoriais e das bibliotecas, da universidade ou da pesquisa científica!), muitos são os que não leem ou que limitam sua prática de leitura a uma área profissional restrita ou a um determinado gênero de livro. É comum encontrarmos universitários que leem apenas teses e trabalhos de mestrado, bibliotecários que se limitam a ler as contracapas dos livros e revistas técnicas, ou professores de literatura que folheiam apenas os manuais pedagógicos. Também é comum observarmos no metrô de Paris, que é a principal biblioteca da capital, pessoas de origem modesta que se entregam à leitura com muito prazer.

Essas diferenças entre pessoas de uma mesma categoria social podem ser atribuídas em parte a diferenças de temperamento. Os médicos homeopatas distinguem, por exemplo, diferentes tipos de pessoas, diferentes perfis, que segundos eles teriam uma relação diferente com a leitura. É muito divertido. Uma médica homeopata um dia me explicou que as pessoas que fazem uso do remédio *Sépia* são as que têm maior relação com a leitura. Vou reproduzir suas palavras:

O medo do livro   139

"*Sépia* não pode dormir se não tem um livro a seu lado. *Sépia*, quando está angustiada [Vocês estão vendo que, ao que parece, trata-se mais uma vez de uma mulher], recorre às livrarias. Compra, leva os livros para casa, precisa ter sempre alguns sobrando para ler. Em homeopatia se diz que a problemática de base de *Sépia* é o conhecimento. Seu desejo é conhecer. Em termos simbólicos, o conhecimento é o livro. A partir do momento em que a pessoa sente essa necessidade de conhecer tudo até o final, se ela não tem algo que represente isso a seu lado, não consegue dormir. As *Sépias* são as maiores compradoras de livros, estão sempre nas livrarias, com o pretexto de que 'não podem ficar sem livros para ler'. São pessoas que compram livros que estão acima de suas possibilidades financeiras. *Sépia* vai se endividar para comprar livros, é mais que seu próprio alimento. *Sépia* olha a capa, lê a contracapa, compra tudo".

Enquanto a escutava, sentia que ia me transformando cada vez mais em *Sépia*.

Os psicanalistas também teriam algo a dizer sobre este assunto. Por exemplo, para retomar o jargão dos discípulos de Melanie Klein, somos, sem dúvida, mais suscetíveis à leitura quando estamos numa posição chamada "depressiva", do que quando estamos na posição chamada "paranoide". Mas não vou mais brincar com essas pequenas classificações, seria preciso fazer isso de maneira mais séria.

Entretanto, a relação com a leitura, para além da estrutura psíquica ou do perfil homeopático de cada um de vocês, é em grande parte uma história de família, como vocês bem o sabem. Várias pesquisas confirmaram a importância da familiaridade precoce com os livros, de sua presença física na casa, de sua manipulação, para que a criança se tornasse, mais tarde, um leitor. A importância, também, de ver os adultos lerem. E ainda o papel das trocas de experiências relacionadas aos livros, em particular as leituras em voz alta, em que os gestos de ternura, a inflexão da voz, se misturam com as palavras — tratei disso ontem ao falar sobre Marie Bonnafé da associação ACCES e da iniciação precoce à linguagem narrativa. Na França, a criança cuja mãe lhe contou uma história toda noite tem duas vezes mais chance de se tornar um leitor assíduo do que aquela que praticamente nunca escutou uma.

O que atrai a atenção da criança é o interesse profundo que os adultos têm pelos livros, seu desejo real, seu prazer real. Tomarei o exemplo do escritor antilhano Patrick Chamoiseau, cujos pais não liam quase nunca:

> "Minha aproximação aos livros foi solitária, nunca leram nada para mim, nunca me iniciaram. Haviam me assustado com histórias, ninado com cantigas, consolado com cantos secretos; mas naqueles tempos os livros não eram coisa para crianças. Assim sendo, fiquei só com esses livros adormecidos, inúteis, mas que recebiam os cuidados de Man Ninotte [sua mãe]. Foi isso que chamou minha atenção: Man Ninotte se interessava por eles apesar de não terem nenhuma utilidade. Eu observava como utilizava os arames, os pregos, as caixas, as garrafas ou os vaporizadores guardados e, no entanto, nunca a vi fazer uso desses livros de que ela tanto cuidava. Era isso que tentava compreender ao manipulá-los sem parar. Encantava-me com sua complexidade perfeita cujas razões profundas desconhecia. Atribuía-lhes virtudes latentes. Suspeitava que fossem poderosos".[64]

Encontrei coisas semelhantes durante as entrevistas que realizei, pois, até em ambientes muito conturbados, há famílias em que o gosto bastante ávido pelos livros se transmite de uma geração à outra. Como é o caso desse marinheiro cuja

---

[64] *Écrire en pays dominé*, Paris, Gallimard, 1997, p. 31.

mãe trabalhava numa fábrica de processamento de peixes: "Líamos muito em família, minha mãe lia muito. Tinha uma renda muito modesta, mas comprava livros; não era grande literatura, mas de qualquer forma lia livros, romances. Lia também a *Bonnes Soirées* [uma revista feminina, bastante popular, que trazia receitas de cozinha, tricô, fotonovelas...], assim como eu, quando era garoto". Ou como no caso desta filha de agricultores: "Mamãe lia muito quando era jovem; era uma ótima leitora, conhecia muito bem o francês e me explicava". No meio rural, em que os interditos são impositivos, como vimos, o exemplo dos pais é fundamental. Seja qual for o nível sociocultural, a maioria dos que leem viu e ouviu alguém ler durante a infância e manteve essa tradição familiar.

Nos bairros urbanos marginalizados, tornar-se leitor é também, com frequência, uma história de família. Pois, se há pais que desconfiam do livro, há outros que dão uma grande importância à dignidade que se adquire em ser "sábio", culto, letrado, sendo que eles também vieram de meios rurais e são analfabetos. Para eles, a instrução é um bem em si mesmo, e o sucesso das crianças, uma revanche social. E mesmo se esses pais não podem ajudar concretamente seus filhos em suas tarefas ou leituras, manifestam regularmente, com palavras, gestos, seu desejo de que se apropriem dessa instrução, dessa cultura da qual eles foram privados.

Algumas vezes, são os próprios pais que incentivam os filhos a ir à biblioteca ou que os acompanham. Ou pelo menos não se opõem a que eles frequentem esse espaço relacionado com a escola, onde podem permanecer — principalmente as meninas — sem correr perigo. Espaço que também os protege das ruas. Desse modo, há famílias em que vários filhos concluem seus estudos com êxito, frequentam assiduamente a biblioteca e se tornam leitores. De fato, pode ser menos paralisante ter pais que, embora analfabetos, valorizam o conhecimento e o livro do que ter pais que fizeram um percurso escolar caótico e mantêm uma relação muito ambivalente com a escola, transmitindo-a, de forma consciente ou não, a seus filhos.

Acrescento que se muitos adolescentes leem estimulados pelo desejo de seus pais, há outros que se tornam leitores "contra" sua família, encontrando nessa atividade um ponto de apoio decisivo para elaborar sua singularidade. Recordemos por exemplo essa jovem turca que dizia, após ter evocado o medo que seus pais manifestavam pelos livros: "Acredito que talvez tenha sido isso que levou a mim e a minhas irmãs a ler e a seguir adiante".

Também nesse caso os escritores testemunharam essas rebeliões, essas escapadas solitárias. E alguns jovens entre aqueles que entrevistamos, como Daoud, que já citei inúmeras vezes e a quem cedo novamente a palavra:

> "Tenho dez irmãos e irmãs, somos filhos dos mesmos pais mas não nos parecemos fisicamente nem temos os mesmos gostos. Eles não leem. Minha irmã talvez. Ela lê um pouco, mas lê tudo o que as pessoas leem, não tem sua própria biblioteca. E os demais não leem absolutamente nada. Ao contrário, consideram isso como um ato de traição. Eu no começo era como eles".

E quando lhe perguntamos como explicava essa diferença, responde com toda modéstia: "Isso faz parte das maravilhas da vida: uns nascem Hitler, outros, Mandela".

Desde os sete anos, Daoud ia à biblioteca com seus colegas nos dias de chuva. Deixo-o contar o resto:

> "Eu tive realmente vontade de ler quando as duas televisões quebraram. Vi-me diante de uma situação que nunca tinha acontecido. Sem televisão [...] todos os meus amigos tinham viajado de férias. Vi-me com o que? Com um livro na mão! Viajei com esse livro, investiguei com

O medo do livro

143

o personagem na Inglaterra, sofri os medos de Stephen King; porém foram livros que logo deixei de lado, me pareciam muito fracos".

Alguns professores e bibliotecários ajudaram muito Daoud mais adiante. E de leitor de Stephen King, tornou-se um apaixonado por Faulkner, Kafka e Joyce.

De fato, certos encontros ajudam esses trânsfugas a mudar seu destino: embora a leitura seja com frequência uma história de família, é também uma história de encontros. Isso é algo que observamos tanto no campo como na cidade.

No campo, quando os pais não eram leitores ou não encorajavam seus filhos a ler, outras pessoas cumpriram esse papel de "iniciadores" ao livro, seja na infância ou mais tarde: algumas vezes um outro membro da família, uma irmã ou irmão mais velho, os avós, os filhos. E também professores que "empurraram" a criança a partir do momento em que perceberam sua vontade de ler. Porque, ainda que alguns professores desencorajem as crianças a abrir um livro, há outros que, ao contrário, apoiam com afinco seu desejo de se aventurar na leitura.

Os iniciadores ao livro podem também ser pessoas encontradas em circunstâncias que facilitam a mescla social: em associações comunitárias, mas também nas amizades com crianças de camadas sociais mais favorecidas, o que lhes possibilita escapar das programações familiares, contar com outros modelos de identificação, ter acesso, de forma muito concreta, a esses bens inexistentes em sua casa: os livros.

Pode ser o caso, por exemplo, de pais que têm um emprego doméstico. Ou quando uma criança é "apadrinhada", ou quase adotada, por notáveis, como essa mulher que hoje trabalha como voluntária em uma biblioteca:

"Minha mãe começou a trabalhar em uma fábrica quando eu tinha quatro anos. Havia uns gerentes que tinham uma filha quatro anos mais velha que eu, e brincávamos muitas vezes juntas. Fui de certo modo adotada por essas pessoas... No fundo eu lhes sou muito grata. Não era o mesmo ambiente que o dos marinheiros, havia outro tipo de educação. Foi então que comecei a ler. Eu sentia no fundo de mim um desejo de ler, é claro, e mergulhei nos livros e li tudo o que pude. Graças aos pais desta amiga, conheci coisas que uma menina da minha idade não conhecia naquela época. Eu saía sempre com eles, porque minha mãe trabalhava e meu pai estava no mar. As crianças da região não liam pois 'não estava na moda'".

Pode ser também que a militância política favoreça esses encontros: "Meu pai lia muito. Ele foi exilado político, e durante seu exílio teve a chance de ficar em um acampamento onde havia intelectuais que o iniciaram na leitura, e penso que foi a partir desse momento que começou a sentir essa necessidade".

Trata-se, enfim, de uma questão de "espírito do lugar": um contexto, um ambiente mais amplo que o da família, que o do próprio meio social, pode incentivar a leitura. Em uma pequena região montanhosa, onde existe há longa data uma tradição letrada, quase todos nossos interlocutores demonstraram ter uma relação familiar com os livros, e recorrer com aparente facilidade a leituras ecléticas, segundo suas necessidades ou seu gosto do momento. Ao contrário, em outras regiões pouco familiarizadas com os livros, onde se privilegia uma convivência esportiva e festiva, a leitura não é apenas menos frequente, mas ela parece ser mais "tensa", mais marcada também pelo modelo escolar ou religioso.

Nos bairros urbanos marginalizados nos deparamos com uma situação semelhante. Quando os pais não incentivaram seus filhos a ler, foi a intervenção de um professor, o apoio de uma inspetora, de um animador em uma associação comunitária, de um assistente social ou de um bibliotecário, que permitiu mudar o destino deles. Veremos isso com mais detalhes amanhã, quando falarei sobre o papel do mediador de leitura e de sua margem de ação. Porque esta margem está longe de ser desprezível.

Mas gostaria de fazer uma última observação: mesmo em famílias em que os pais nunca proibiram a leitura, há crianças que leem debaixo dos lençóis, com uma lanterna na mão, contra o mundo inteiro. Há uma dimensão de transgressão na leitura. Se tantos leitores leem à noite, se ler é com frequência um gesto que surge na sombra, não é apenas uma questão de culpa: assim se cria um espaço de intimidade, um jardim protegido dos olhares. Lê-se nas beiradas, nas margens da vida, nos limites do mundo. Talvez não se deva iluminar totalmente esse jardim. Deixemos à leitura, como ao amor, uma parte de sombra.

Quarto encontro

O PAPEL DO MEDIADOR

No dia em que terminei de escrever o texto da última conferência, saí de meu escritório e, na vitrine da livraria que fica bem em frente, descobri um cartaz no qual até então não havia reparado. Nele estava escrito à mão a seguinte frase: "A leitura de um livro proibido, a portas fechadas, em uma noite de neve, é um dos maiores prazeres da vida". Estava assinado Lin Yutang. A vida nos dá, de tempos em tempos, pequenos presentes. André Breton chamava isso de "acasos objetivos". Resumirei um pouco o que venho comentando nesses dias. Vimos que a leitura é uma experiência singular. E que, como toda experiência, implica riscos, para o leitor e para aqueles que o rodeiam. O leitor vai ao deserto, fica diante de si mesmo; as palavras podem jogá-lo para fora de si mesmo, desalojá-lo de suas certezas, de seus "pertencimentos". Perde algumas plumas, mas eram plumas que alguém havia colado nele, que não tinham necessariamente relação com ele. E às vezes tem vontade de soltar as amarras, de mudar de lugar. O grupo, por sua vez, seja o familiar ou o dos amigos, vê um de seus membros que se afasta e, eventualmente, o abandona. A partir desse momento, fica em guarda. O distanciamento da vida comunitária, do tempo, dos lugares onde predomina o grupo, é sempre difícil. E os chamados à ordem, o ostracismo em relação ao leitor autossuficiente, não se fazem esperar.

De fato, os leitores irritam, como os namorados, como os viajantes, porque temos pouco domínio sobre eles — escapam-nos. São considerados antissociais, e por isso mesmo constantemente chamados à ordem comum. Não acredito que os leitores sejam antissociais em definitivo. Sem dúvida há pessoas — e todos nós, de tempos em tempos — que leem como quem chupa o dedo. Mas não é sem motivo que os poderes tenham temido tanto as leituras não controladas: a apropriação da língua, o acesso ao conhecimento, como também a tomada de distância, a elaboração de um mundo próprio, de uma reflexão própria, propiciados pela leitura, podem ser o pré-requisito, a via de acesso ao exercício de um verdadeiro direito de cidadania. Pois os livros roubam um tempo do mundo, mas eles podem devolvê-lo, transformado e engrandecido, ao leitor. E ainda sugerir que podemos tomar parte ativa no nosso destino.

Nesse sentido, compreendemos por que a leitura, quando nos entregamos a ela sem muita vigilância, pode ser uma máquina de guerra contra os totalitarismos e, mais ainda, contra os sistemas rígidos de compreensão do mundo, contra os conservadorismos identitários, contra todos aqueles que querem nos imobilizar.

Vimos, finalmente, que embora a leitura fosse em grande parte uma questão de família, também é influenciada por um contexto mais amplo, um ambiente que convida ou desestimula a aproximar-se dos livros. E vimos também que é uma história de encontros.

Espero tê-los feito sentir a importância do que está em jogo com a difusão desses textos escritos dos quais vocês são mediadores. E também a importância das resistências que são proporcionais ao que está em jogo. A partir daí, compreendemos que o iniciador ao livro desempenha um papel-chave: quando um jovem vem de um meio em que predomina o medo do livro, um mediador pode autorizar, legitimar, um desejo inseguro de ler ou aprender, ou até mesmo revelar esse desejo. E outros mediadores poderão em seguida acompanhar o leitor, em diferentes momentos de seu percurso.

Esse mediador é com frequência um professor, um bibliotecário ou, às vezes, um livreiro, um assistente social ou um animador voluntário de alguma associação, um militante sindical ou político, até um amigo ou alguém com quem cruzamos. Apoiando-me sempre nas entrevistas que realizei durante minhas pesquisas, tomarei alguns exemplos que se referem às vezes a professores, e mais frequentemente a bibliotecários, deixando-lhes a tarefa de transpor para sua própria atividade e para seu próprio contexto, essas experiências de um outro continente.

UMA RELAÇÃO PERSONALIZADA

Para que entendam até que ponto um mediador pode influenciar um destino, darei um primeiro exemplo. Trata-se de Hava, uma jovem de origem turca que, após ter vivido dez anos em um bairro pobre da periferia de Istambul, mudou-se para a França, em uma cidade de província, onde seu pai, pedreiro, foi tentar a sorte.

Devido ao seu desconhecimento inicial do francês, Hava estava muito atrasada em sua formação escolar. E estava disposta a abandonar seus estudos na sexta série do ensino fundamental (em que os alunos têm normalmente doze anos) para procurar um trabalho, como era o desejo de seus pais. Passo-lhe a palavra:

> "Disse isso a meu professor de matemática e ele me disse: 'Mas você está louca! Em que poderia trabalhar saindo da sexta série?'. E eu lhe disse: 'Sim, mas já tenho quinze anos. Vou sair, vou trabalhar. Vou fazer um curso técnico'. Ao que ele me respondeu: 'Não. Eu te aconselho a fazer até a oitava série para ver, pode ser que as coisas mudem'. Gostava muito desse professor [...]. Então, disse que sim, para lhe agradar, e também para ver

O papel do mediador

o que aconteceria. Iria terminar o fundamental e depois teria o certificado de conclusão; um certificado, para mim, valia muito naquela época; hoje não significa nada. Pensei: 'Vou tentar isso e depois, com o diploma, vou procurar um trabalho'. Porque em casa era sempre a mesma ladainha: trabalhar, trabalhar. Depois, terminei o ensino fundamental e pensei: 'Quero ir mais longe'. É verdade que eu me dava bem com meus professores [...]. Aliás, eles já tinham percebido que a escola era o único lugar onde eu me sentia bem [...]. Eram os únicos que não me diziam: 'Você tem que se casar'. E ainda me ensinavam muitas coisas".

Ao longo de todo esse percurso, Hava encontrou o apoio das bibliotecárias de seu bairro:

"Eu tinha muitos problemas pelo fato de ter vindo mais velha para a França. Elas me ajudaram muito. Tive sorte, algumas não te ajudam [...]. Elas corrigiam meus resumos em francês. Diziam-me: 'Veja, isso não se diz, é melhor dizer assim'. Ou os erros de gramática. Explicavam-me e isso tomava um tempo. Diziam: 'De matemática, bom, melhor não perguntar nada porque...'. Ajudavam-me muito. Nunca as esquecerei. Ou senão, era a documentalista da biblioteca escolar. Ajudou-me muito também, principalmente com o francês. Como tinha muitos problemas nesta matéria, precisava correr atrás".

Na biblioteca, Hava também trocava experiências, conhecimentos, com outros usuários que, como ela, iam ali para fazer suas tarefas.

Quando a encontramos, ela tinha vinte anos. Cursava o último ano do ensino médio, queria ser professora. Desde então já era animadora intercultural e ajudava as crianças de seu bairro a fazer suas lições. Também era uma leitora. Citei-a, outro dia; foi ela que adorou ler Victor Segalen porque parecia que ele restituía a dignidade às pessoas simples. Falou-nos também de Agatha Christie, de Shakespeare, de escritores turcos e antilhanos etc. Nada é simples para Hava: sente-se dividida entre seu desejo de emancipação e o apego a seus pais. E ainda que eles evoluam, fazem-no mais lentamente do que ela. Porém, ela está mais preparada para enfrentar os obstáculos que encontrará em seu caminho.

Podemos ver que foi com o apoio simultâneo de um professor, de uma bibliotecária e de uma documentalista, que ela pôde modificar seu destino.

Tomemos um outro exemplo, o de Zohra, que também já foi citada: é a jovem cujo pai, muito hostil à cultura letrada, analfabeto, "lia" o jornal assiduamente, a seu modo, principalmente para acompanhar os resultados das corridas. Ouçamos o que diz:

> "Tive uma vida escolar muito difícil, cheia de fracassos. Nós quatro chegamos à França com idades de três a cinco anos. Eu falava argelino. Quando entrei na escola tive de me adaptar, e depois ainda sofri com a separação de minha mãe. Colocaram-nos em classes não francófilas que havia na época [...]. Falávamos mal o francês. Mas eu era muito apegada aos professores, de maneira individual, quer dizer, adorava a professora; escrevia-lhe cartões-postais que nunca enviava. Eu era muito ligada aos professores porque eles transmitiam as coisas, estavam ali, eram pessoas sensatas, que pensavam, que compreendiam, enquanto meus pais não compreendiam. Os professores eram adultos diferentes daqueles com os quais eu convivia no meu círculo. Eles me deram uma força. Enfim, havia outras pessoas além de meus pais, da vida tradicional em família. Ajudaram,

O papel do mediador

assim como as bibliotecárias, a que eu me abrisse para o exterior. Eram outros adultos que não me consideravam um bebê ou uma menina que deve fazer as tarefas da casa.

Nós, em casa, vivíamos em um casulo familiar muito fechado. Meus pais nunca recebiam visitas, amigos franceses ou argelinos [...]. É muito difícil ter somente essa referência quando somos jovens. É como se eu estivesse completamente isolada. O livro era a única maneira de sair dessa situação, de me abrir um pouco".

Zohra e suas irmãs tinham conquistado de seus pais o direito de ir à biblioteca:

"A biblioteca foi uma descoberta extraordinária, pois modificou a minha vida. Permitiu-me sair de casa, encontrar pessoas, ver coisas interessantes. Escutávamos muitas coisas, pois nas bibliotecas as pessoas conversam sobre inúmeros assuntos. Para mim, a biblioteca era também um lugar de troca, porque mesmo que ouvíssemos as crianças rirem, brincarem, correrem por toda parte [...] era um lugar com vida, onde aconteciam coisas. Podíamos levar o livro para casa e depois devorá-lo, olhá-lo. Foi ali que eu realmente li, devorei, recebi conselhos dos bibliotecários. Logo de início as trocas foram agradáveis. Ia à biblioteca para ler, para buscar meus livros, para escolhê-los, e também pelo contato com os bibliotecários, que era muito importante. Não quero dizer que ficava atrás deles esperando que me aconselhassem, mas muitas vezes me sugeriam leituras e quando eu devolvia os livros, me diziam: 'Ah, já leu este, vou te recomendar um outro'.

Houve mulheres bibliotecárias que me marcaram muito. É uma profissão muito feminina — também as mulheres são as maiores leitoras do mundo, apesar de serem as que dispõem de menos tempo livre!".

Zohra sonhava em ser editora mas, diferentemente de Hava, teve de interromper seus estudos: reprovavam suas notas ruins nas matérias científicas. Cito-a novamente:

"Tirava boas notas em francês; gostava desta matéria porque havia leituras. Mas pediram-me que melhorasse em matérias que não eram de leitura, matérias científicas, como matemática, e eu era incapaz de fazê--lo. A escola não foi um prazer, não me ajudou, apesar da importância que eu dava à leitura. Ninguém me tirou do apuro. Deixaram-me afundar, orientaram-me para uma carreira curta. Assim, tornei-me secretária, sem paixão. Fiz um curso profissionalizante de dois anos para ser secretária. Continuei a frequentar a biblioteca; já tinha dezesseis, dezessete, dezoito anos".

Mas um dia, para a sorte de Zohra, propuseram-lhe que substituísse a secretária da biblioteca, e foi assim que ela decidiu se tornar bibliotecária. Formou-se de maneira autodidata, passou nos concursos, foi aprovada.

Assim, para Zohra, a professora a quem escrevia cartões-postais que nunca enviava talvez tenha desempenhado, precocemente, o papel de destinatária — provavelmente sem sabê-lo —, em um processo que se assemelha ao da transferência psicanalítica: ou seja, alguém que acolhe, que recolhe as palavras do outro, que é o testemunho de seu desejo, com quem se estabelece uma ligação próxima ao amor. Zohra tinha um grande desejo pelas letras. É o que se percebe ao longo de todo o seu relato: desde os cartões-postais nunca enviados até sua vocação para editora, desde a paixão pelos livros até seu trabalho de bibliotecária e seu desejo atual de escrever. Talvez o desejo de ler e escrever tenha nascido "por transferência", por amor a alguém, como essa professora, que gostava de ler e escrever. E como essas bibliotecárias que ela admirava, que acompanharam e apoiaram seu trajeto.

O papel do mediador

O gosto pela leitura não pode surgir da simples proximidade material com os livros. Um conhecimento, um patrimônio cultural, uma biblioteca, podem se tornar letra morta se ninguém lhes der vida. Se a pessoa se sente pouco à vontade em aventurar-se na cultura letrada devido à sua origem social, ao seu distanciamento dos lugares do saber, a dimensão do encontro com um mediador, das trocas, das palavras "verdadeiras", é essencial.

TRANSMITIR O AMOR PELA LEITURA: UM DESAFIO PARA O PROFESSOR?

Voltemos por um momento à instituição escolar. Disse-lhes que esses jovens não sentiam carinho pela escola e que frequentemente contavam que a escola os havia desestimulado a ler, porque se tornara uma obrigação, tinham que dissecar os textos; textos que na maioria das vezes não lhes diziam nada. "Quando me obrigavam a ler, reagia sistematicamente", disse um rapaz. E um outro: "Que nojo! Nos livros só se trabalha".

Na realidade, o efeito da escola sobre o gosto pela leitura é muitas vezes complexo. Ouçamos a jovem Bopha, por exemplo. Foi na escola que adquiriu o gosto de ler, segundo conta:

> "Lembro-me muito bem como foi que tomei gosto pela leitura: apresentando um livro a meus colegas de classe (tinha uns onze anos). Escolhi *Ratos e homens*, de Steinbeck. Era a história de um retardado mental, a história da amizade entre dois homens. Esse livro me marcou muito, e a partir dele comecei realmente a ler outras coisas, a ler livros sem figuras, a ler autores. Comecei a frequentar bibliotecas, acompanhando minha irmã, para ver os livros, folhear, olhar".

Porém, ela esteve a ponto de perder esse gosto quando entrou no primeiro ano do ensino médio (o que na França, teoricamente, ocorre aos quinze anos):

> "Penso que no ensino médio criamos aversão pela leitura porque temos muitas coisas para fazer, nos sobrecarregam de trabalho — principalmente onde eu estudava, uma escola bastante rigorosa —, que não sobrava mais nenhuma vontade de ler. Não me lembro de nenhum livro que tenha me agradado. Detestava principalmente os de filosofia. Davam dor de cabeça. Não tinha escapatória. Ao contrário: tinha que me concentrar para entrar neles. Se a pessoa não se concentrar, não entende o sentido. Realmente, deixou de ser um prazer para mim quando me obrigaram a fazê-lo contra a minha vontade".

Disse ontem a vocês que alguns sociólogos, ao analisar as estatísticas, confirmavam as afirmações desses jovens:[65] no ensino médio, sobretudo, quando a postura do leitor diante do livro deve ser mais distanciada e a abordagem mais erudita, muitos jovens perdem o gosto por ler. Outros fatores, com certeza, intervêm nessa idade, mas o ensino tem também o seu papel.

O psicanalista Bruno Bettelheim dizia que para sentir muita vontade de ler uma criança não precisava saber que a leitura lhe seria útil mais tarde. Ao contrário, "ela deve ser convencida de que a leitura lhe abrirá todo um mundo de experiências maravilhosas, dissipará sua ignorância, a ajudará a compreender o mundo e a dominar seu destino".[66] Segundo ele, a criança deve sentir que na literatura há uma "arte

---

[65] Christian Baudelot e Marie Cartier, "Lire au collège et au lycée", in *Actes de la Recherche*, n° 123, jun. 1998.

[66] *La Lecture et l'enfant*, Paris, Hachette-Pluriel, 1993, p. 50.

esotérica" que lhe desvendará segredos até então ocultos, uma "arte mágica" capaz de lhe oferecer um poder misterioso.

Desconheço totalmente como ensinam a língua e a literatura nas escolas latino-americanas. Mas na França, durante os últimos trinta anos, parece-me que o ensino evoluiu mais no sentido oposto ao da iniciação a uma "arte mágica", e que de maneira geral deixou um espaço menor para a literatura. Com as melhores intenções do mundo, aliás: era em grande parte o efeito de uma crítica social mesclada com sociologia, que enxergava na leitura de obras literárias apenas uma afetação das pessoas bem-nascidas.

É preciso dizer que diversos fatores contribuíram para que essas mudanças ocorressem no ensino do francês. A indústria na época precisava urgentemente de engenheiros e de quadros técnicos, de uma outra concepção de cultura geral e outros modelos de leitura. Aliás, é preciso assinalar que aquele ensino precisava mesmo ser renovado. Ele desembocava numa espécie de panteão, num monumento austero, pomposo: um *corpus* de grandes textos clássicos que olhavam os alunos de cima, a menos que um professor talentoso soubesse dar-lhes vida. Assim, nas décadas de 1960 e 1970, criticou-se muito essa forma de despejar sobre os jovens passagens literárias selecionadas com fins de edificação moral. Revelou-se ali algo que contribuía para reproduzir uma certa ordem social, visto que somente as crianças dos meios favorecidos se sentiam à vontade nessa cultura letrada que era a mesma de suas famílias. Decidiu-se cortar de vez essa identificação. E, pouco a pouco, foi se privilegiando um enfoque que se queria mais democrático, mais "científico", inspirado no estruturalismo e na semiótica.

Evidentemente, seria preciso ajustar as coisas, principalmente em relação ao tempo do currículo escolar: não se ensina o francês da mesma maneira na educação infantil, no ensino fundamental e no médio. Estou resumindo e simplificando esse tema de um modo que deixaria os especialistas da história da educação horrorizados. Porém, alguém que conhece bem essa história, Francis Marcoin, escreveu: "Não é exagero afirmar que em 1968, nas universidades, a linguística era de esquerda e a literatura, de direita. Essa curiosa dicotomia inspirará por muito tempo a pedagogia do francês, empenhada em apagar do aprendizado da língua qualquer uso literário, considerado elitista, normativo, e quase estranho ao público em questão".[67] Menciona também que o esquema da "comunicação" havia sido o pilar da formação linguística dos professores durante uns bons dez anos.

Mas com toda a vontade de dessacralizar as letras, muitos daqueles que clamavam por mudanças, muitos daqueles que as puseram em prática, esqueceram que a habilidade desigual para manejar a linguagem não sinaliza simplesmente uma posição mais ou menos elevada na ordem social. E que a linguagem não é um simples veículo de informações, um simples instrumento de "comunicação". Esqueceram que a linguagem diz respeito à construção dos sujeitos falantes que nós somos, à elaboração de nossa relação com o mundo. E que os escritores podem nos ajudar a elaborar nossa relação com o mundo. Não devido a uma inefável grandeza esmagadora, mas ao contrário pelo desnudamento extremo de seus questionamentos, por nos oferecerem textos que tocam no mais profundo da experiência humana. Textos em que se realiza um trabalho de deslocamento sobre a língua, e que nos abre, às vezes, para outros movimentos.

Ao privilegiar as técnicas de decifração do texto, as abordagens inspiradas na semiologia e na linguística aumentavam a distância em relação aos próprios textos. Até o momento em que os professores foram sacudidos pelo livro de Daniel Pennac, *Como um romance*,[68] que defendia a "leitura

---

[67] À *l'école de la littérature*, Paris, Ouvrières, 1992, p. 137.

[68] *Comme un roman*, Paris, Gallimard, 1992 [ed. brasileira: trad. Leny Werneck, Rio de Janeiro, Rocco, 1997].

por prazer", reabilitava a oralização e reivindicava, diante daqueles que clamavam que "era preciso ler", o "direito de não ler".

Novamente estou caricaturando a situação para fazê-los sentir o essencial, para que vocês possam, eventualmente, encontrar as semelhanças — ou as diferenças — entre a situação francesa e a de seu próprio sistema de ensino. E é preciso dizer também que, em todas as épocas, a despeito das dificuldades, das modas e das mudanças nos programas, muitos professores souberam transmitir a seus alunos a paixão de ler. É preciso acrescentar ainda que dos professores é exigido algo impossível, um verdadeiro quebra-cabeça chinês. Espera--se deles que ensinem as crianças a "dominar a língua", como se diz no jargão oficial. Que as convidem a partilhar desse suposto "patrimônio comum". Que as ensinem a decifrar textos, a analisar e a ler com certo distanciamento. E, ao mesmo tempo, que as iniciem no "prazer de ler". Tudo isso é objeto de muitos debates, de muitos questionamentos entre esses profissionais.

Mas retorno às minhas pesquisas. Durante as entrevistas que realizamos, algo saltou aos olhos: esses jovens tão críticos em relação à escola, entre uma frase e outra, lembravam às vezes de um professor que soube transmitir sua paixão, sua curiosidade, seu desejo de ler, de descobrir; que soube, inclusive, fazer com que gostassem de textos difíceis. Hoje, como em outras épocas, ainda que "a escola" tenha todos os defeitos, sempre existe algum professor singular, capaz de iniciar os alunos em uma relação com os livros que não seja a do dever cultural, a da obrigação austera.

Daoud, um rapaz que já citei muitas vezes, estabelece a diferença entre "a instituição" — onde, diz ele, "há profissionais que estão ali para instruir as pessoas" — e o que chama "a criação", onde:

"há pessoas que se superam, que vão além de suas funções, de seu trabalho, para mostrar quem realmente são. Topei com professores de francês que tinham nas classes pessoas desagradáveis que não os escutavam, mas, quando viam que alguém se interessava, procuravam ensinar algo mais do que o cargo exigia".

Sua própria história é marcada por encontros com professores e bibliotecários que o ajudaram a avançar, por meio de uma atenção personalizada que ia além de suas funções estritas.

"Fiz os piores estudos possíveis no sistema escolar francês. Quer dizer, o diploma técnico, coisa sem nenhum interesse. Em contrapartida, os professores de francês eram muito interessantes. Foram eles que me levaram a ler, por exemplo, *1984*, de George Orwell; coisas como essa, que eu nunca teria lido por conta própria. Não foi a escola, não foi a instituição: foram os professores que me ensinaram".

O mesmo aconteceu com Nicolas, que detesta o sistema escolar, mas a quem um professor transmitiu o gosto pela leitura ao lhe deixar espaço para escolher:

"No início, aconteceram muitos encontros; foi um professor quem realmente nos incentivou. Sugeriu alguns livros: 'Quem quer ler este?' ou 'Vejam, tenho quatro ou cinco livros, quem quer ler este aqui?'. Não era: 'Todo mundo vai ler este e depois contar a história'. Era mais aberto".

Quando fazíamos entrevistas no meio rural, encontrávamos algo parecido. Ali também, os efeitos da escola sobre o gosto pela leitura são complexos. Em todas as gerações, as

O papel do mediador   159

leituras impostas — principalmente as de autores clássicos — causaram uma repulsa. Mas para muitas pessoas do meio rural, em particular entre os mais velhos ou mais desprotegidos, a escola foi "a porta de entrada", o lugar onde se podia ter acesso aos livros que tanta falta lhes faziam. Essas pessoas guardaram a lembrança de professores que encorajavam a ascensão sociocultural das crianças emprestando-lhes obras de sua biblioteca pessoal, como testemunhamos no relato desta mulher: "Nossa professora era muito culta, tinha livros e velhas gravuras por toda a extensão de sua escada. Para mim, era um verdadeiro prazer; acho que peguei esse vírus ali [...] ao subir a escada em caracol, encerada, realmente impecável, e ao ver todos aqueles livros". Porém, se o professor é apresentado por esta população rural como alguém que inspirou o gosto pela leitura, é muitas vezes em uma relação personalizada, individual, fora do âmbito escolar.

Essa dicotomia entre a escola como instituição e um professor singular não é exclusiva da França. Por exemplo, um pesquisador alemão, Erich Schön, que estudou as autobiografias de muitos leitores, assinala que para eles "a escola aparece como a instituição com maior responsabilidade pela perda do encanto das leituras de infância". Ler era, no início, "algo maravilhoso... até a hora de frequentar os cursos de literatura alemã". Mas aqui também "a imagem negativa ligada aos cursos de literatura contrasta com os numerosos enunciados positivos relativos ao professor como indivíduo e sua influência positiva sobre a motivação do aluno".[69]

Com esses professores, a língua, o conhecimento, a literatura, que até então repeliam os alunos, tornam-se acolhedores, hospitaleiros. Aqueles textos absurdos, empoeirados, de repente ganham vida. Curiosa alquimia do carisma. Do

---

[69] Martine Chaudron e François de Singly (orgs.), "La 'fabrication' du lecteur", *in Identité, lecture, écriture*, Paris, BPI/Centre Georges Pompidou, 1993.

carisma ou, uma vez mais, da transferência. Evidentemente, nem todos são capazes de provocar esses movimentos do coração. Mas, em contrapartida, acredito que cada um — professor, bibliotecário ou pesquisador — pode se interrogar mais sobre sua própria relação com a língua, com a literatura. Sobre sua própria capacidade de se ver alterado pelo que surge, de maneira imprevisível, na sinuosidade de uma frase; de viver as ambiguidades e a polissemia da língua, sem se angustiar. E a se deixar levar por um texto, em vez de tentar sempre dominá-lo.

Utilizarei um último exemplo, tomado desta vez ao romancista antilhano Patrick Chamoiseau, já citado anteriormente. No livro intitulado *Caminho da escola*, ele evoca um professor que lhe era repulsivo. Um negro embranquecido com cal. Rígido, austero, que repreende as crianças à cada frase, persegue qualquer rastro de expressão crioula em suas palavras. Mas este professor, algumas vezes, esquece um pouco sua atitude de dominador e deixa transparecer seu gosto pela leitura. É nesse momento que ele comove as crianças. Ouçamos o que diz Chamoiseau:

> "O professor lia para nós, mas logo se deixava levar, esquecia o mundo e vivia seu texto com uma mescla de abandono e vigilância. Abandono porque se entregava ao autor; vigilância porque um velho controlador permanecia à espreita, buscando a eufonia desolada, a ideia amolecida por uma debilidade do verbo [...]. O negrinho acompanhava de boca aberta, não o texto, mas os suspiros de prazer que o professor dava com as palavras".[70]

Para transmitir o amor pela leitura, e acima de tudo pela leitura de obras literárias, é necessário que se tenha experimentado esse amor. Poderia se esperar que esse gosto acon-

---

[70] Patrick Chamoiseau, *Chemin d'école*, Paris, Gallimard, p. 161.

tecesse naturalmente nos círculos onde o livro é um objeto familiar. No entanto, como já disse, isso está muito longe de ocorrer.

A HOSPITALIDADE DO BIBLIOTECÁRIO

Quando escutamos o que dizem os leitores, não sobre os professores, mas sobre os bibliotecários, encontramos coisas parecidas. Nos bairros urbanos marginalizados, muitos jovens falaram da importância decisiva que teve para eles uma relação personalizada com algum mediador, mesmo que efêmera. Pode se tratar de alguém que os tenha apoiado, ajudado a ir mais longe, como no caso de Hava, a jovem de origem turca que citei anteriormente. Ou pode ser alguém que lhes tenha lido histórias quando eram pequenos. Como no caso de Ridha:

> "Lembro de um bibliotecário que tinha um jeito de trabalhar muito interessante. Às vezes, interrompia seu trabalho, reunia as crianças e lhes contava histórias [...]. É alguém que sabia transmitir, que amava sua profissão e que nos ensinou a amar a leitura, pois tinha uma maneira de contar muito bonita, natural".

Muitos jovens, como Ridha, evocaram a "hora da história", o prazer em escutar um bibliotecário lendo histórias. Como Saliha:

> "O que eu também gostava era da sua maneira de contar. Isso me encantava. Era o tom, tudo isso. Eu entrava realmente na história e a seguia, pois fazia gestos e isso me comovia [...]. É bom que os bibliotecários leiam livros, isso desperta nas crianças o amor pelos livros, pela leitura".

Outros mencionaram que alguns bibliotecários lhes haviam confiado pequenas tarefas, incorporando-os em suas atividades, e que desse modo realmente se sentiram parte ativa do lugar: "Às vezes, quando tiravam o pó dos livros, eu os ajudava. E os carimbos... carimbar é algo que, quando se é pequeno, não se esquece. Sempre volta a vontade de carimbar, é maravilhoso".

O bibliotecário que lhes deu essas oportunidades pode ser também o que lhes sugeriu livros, como para Malika: "Minha melhor recordação é Philippe; tenho a impressão de que éramos realmente amigos. Ele sabia tudo, os livros que eu gostaria de ler... Sabia que gênero de livro agradaria a tal ou tal pessoa". Ou como para Daoud:

> "Na realidade, o que mais me marcou foram os bibliotecários. Na biblioteca onde eu cresci havia uma bibliotecária que sempre me recomendava obras de ficção científica, livros policiais [...]. Ela sabia que eu era principiante; me conhecia desde pequeno, me punha para fora quando eu fazia muita bagunça".

O caminho de Daoud, como já mencionei, foi marcado por encontros com bibliotecários, e ainda hoje é assim, como ele diz: "Quando eles [os bibliotecários] veem que você está interessado pelo livro, que faz algo interessante, começam a se interessar por você. Quero dizer, é recíproco". Cito agora um outro rapaz, Samir:

> "A bibliotecária conhecia meus gostos. No começo eu estava ligado nisto, mas ela sentia que este não era o meu interesse principal, e eu não sabia. Então ela me aconselhava outros livros. Eu me disse: 'Nossa, isto não tem nada a ver com o que eu queria, mas me agrada mesmo assim'. E cada vez ela mudava, e sempre eu gostava".

O papel do mediador

Ou pode ser alguém que os ajudou a fazer uma pesquisa, como para Christian:

> "Sempre fico impressionado, agradavelmente impressionado, ao ver a dedicação das pessoas que trabalham na biblioteca. Nós lhes expomos o tema e pronto: mobilizam-se rapidamente para nos ajudar. É realmente surpreendente. Agora já estou acostumado, mas no início isso me extasiava. Perguntava-me: 'No final das contas, o que lhes importa o que estou procurando?'".

Como disse também Hadrien:

> "É muito importante que existam pessoas que acreditem na gente; que acreditem que podemos nos interessar pelas coisas e ser 'fisgados' por elas. Na medida em que acreditam no potencial de curiosidade dos outros, na capacidade de se interessarem, elas têm um importante papel a desempenhar".

Estes jovens estão atentos a todos os gestos com os quais os bibliotecários lhes demonstram sua hospitalidade, o gosto por seu trabalho. Daoud, novamente:

> "Há bibliotecários que trabalham aqui, que são, antes de tudo, criativos [...]. Na disposição dos livros; no fato de organizarem atividades que tenham a ver com o livro; de montarem peças de teatro em coordenação com o editor, de convidarem autores. Não é um trabalho que os limita. Poderiam dizer: 'Sim, sou bibliotecário, estou aqui para arrumar os livros'. Mas não; estão realmente envolvidos".

Na França, a profissão de bibliotecário evoluiu muito em um tempo relativamente curto. O número de bibliotecas municipais dobrou nos últimos vinte anos, e cerca de um terço dos franceses foram a uma biblioteca ou a uma *midiateca* durante o ano de 1997. Essa proporção chegava a 63% para os jovens de 15 a 19 anos, e 48% para os de 20 a 24 anos. Essa mudança quantitativa veio acompanhada de uma mudança estrutural. Houve uma generalização do livre acesso aos livros — o que era uma prática corrente há muito tempo em diversos países, principalmente anglo-saxões, porém não na França, cujo atraso era considerável. Houve também uma evolução das técnicas e uma diversificação dos bens e serviços disponibilizados no que se passou a chamar *midiatecas*. E durante a década de 1980, o estímulo do Ministério da Cultura, e também a tomada de consciência de um certo número de municípios em relação a tudo o que está em jogo nas bibliotecas, criou um desejo de abertura para públicos mais numerosos, sobretudo nos bairros marginalizados, ou por intermédio dos hospitais, das instituições de proteção à infância, das prisões etc. Como resume uma bibliotecária: "Antes, estávamos mais voltados para os livros; hoje, para as pessoas".

E como disse Ridha, que frequenta a biblioteca desde pequeno, o importante é

> "que o bibliotecário tenha tempo para se dedicar ao que é da ordem da vida, a tudo que se refere à vida e, no que toca aos jovens, também à moral; e fazê-lo de maneira simples, impregnando-os de emoções, de coisas positivas. Mais que ser um conservador ou um guardião de livros, ser uma espécie de mágico que nos leva aos livros, que nos conduz a outros mundos".

Como veem, coincide com o que dizia Bettelheim a propósito da "arte mágica". Podem ver também como todos são sensíveis a esse envolvimento de um profissional. Como também são sensíveis a tudo o que lhes demonstre que nada é demasiado belo para eles, seja um mobiliário sofisticado ou obras de qualidade: "quando se entra nesta biblioteca logo se nota algo de artístico", observa Daoud. Sensíveis também ao fato de que esse espaço de liberdade lhes é concedido gratuitamente, ou quase: "A biblioteca é um lugar para todo mundo, é gratuito", diz uma jovem. "Ler grátis é genial! Com dez francos por ano podemos emprestar livros de graça. É incrível! É um tremendo privilégio concedido a todo mundo", diz uma outra. E um rapaz: "Agradeço aos prefeitos dos municípios que fazem bibliotecas em suas cidades, porque considero isso muito importante".

Mas, vimos que em todos os exemplos que dei, não é a biblioteca ou a escola que desperta o gosto por ler, por aprender, imaginar, descobrir. É *um* professor, *um* bibliotecário que, levado por sua paixão, a transmite através de uma relação individual. Sobretudo no caso dos que não se sentem muito seguros a se aventurar por essa via devido a sua origem social, pois é como se, a cada passo, a cada umbral que atravessam, fosse preciso receber uma autorização para ir mais longe. E se não for assim, voltarão para o que já lhes é conhecido.

Ultrapassar umbrais

Não é apenas para iniciar à leitura, para legitimar ou revelar um desejo de ler, que o papel de um iniciador aos livros se revela primordial. É também, mais tarde, no acompanhamento do trajeto do leitor. Por exemplo, nos bairros marginalizados, para aqueles que elegeram a biblioteca em vez de vagar pelas ruas, que ousaram atravessar a porta uma primeira vez e depois voltar regularmente, não significa que tudo esteja garantido. Ainda falta ultrapassar muitos umbrais. E muitas vezes os trajetos se interrompem bruscamente.

Quando alguém não se sente autorizado a se aventurar nos livros, é preciso insistir: podemos ter adorado as histórias que um bibliotecário nos lia quando éramos pequenos e depois nunca mais abrir um livro. Porque os trajetos dos leitores são descontínuos, marcados por períodos de interrupções breves ou longas. Alguns desses períodos de pausa fazem parte da natureza da atividade de leitura — todos nós sabemos que há momentos da vida em que sentimos, de maneira mais ou menos imperiosa, a necessidade de ler. Não há por que se preocupar com intervalos desse tipo: não se entra na leitura ou na literatura como se abraça uma religião.

Porém, também existem pausas devidas ao fato de que um jovem — ou uma pessoa não tão jovem — não pôde ultrapassar o umbral, não pôde passar a outra coisa porque se sentiu perdido, porque a novidade o assustou, ou porque essa novidade lhe faltou, porque sentiu que já esgotou o tema. E o mediador, o bibliotecário em particular, pode ser precisamente aquele que lhe dá uma oportunidade de alcançar uma nova etapa.

Na França, de vinte anos para cá, em muitas bibliotecas dedicou-se grande atenção aos primeiros passos da criança na biblioteca. Desenvolveu-se uma parceria com a escola. Foram feitos esforços no sentido de iniciar a criança, precocemente, no funcionamento da biblioteca, pois saber se situar, se apropriar do local, conhecer as regras necessárias para compartilhar um espaço público, não são coisas evidentes. Contaram histórias a essas crianças, conceberam espaços à sua medida, ensinaram-lhes a utilizar os catálogos, seja em papel ou informatizados.

Levaram um tempo para entender que, uma vez iniciada a criança dessa maneira, nem tudo estava garantido. Em parte era isto que eu dizia ontem: havia a ideia de que o usuário era autônomo, enquanto que a biblioteca existe para que ele construa sua autonomia. Muitas vezes, isso partia dos melhores sentimentos: do respeito ao usuário, considerado suficientemente capaz para saber o que era bom para ele, e assim era melhor deixá-lo em paz. Muitos bibliotecários têm

O papel do mediador 167

um espírito um tanto libertário. Sua profissão se constituiu em parte distinguindo-se da do professor, e a ideia de monitorar o leitor, de lhe impor qualquer coisa, ofende a muitos deles. Os jovens percebem muito bem esta especificidade. E se vêm à biblioteca para fazer suas tarefas, estabelecem com muita clareza a diferença entre a escola, vista como lugar de obrigação (para a desgraça dos professores), e a biblioteca, como uma terra de liberdade, de eleição.

Isso é muito bom: evidentemente não se trata de questionar esse aspecto, essa liberdade do usuário. Mas, em determinados momentos, é preciso ajudar certos usuários, certos leitores, uma vez mais, a superar algo. Na realidade, cada novo umbral pode reativar uma relação ambivalente com a novidade. E esses umbrais são numerosos: passar da seção juvenil à de adultos, a outras formas de utilização, a outros registros de leitura, a outras estantes, a outros tipos de leitura, a uma outra biblioteca etc.

Tomemos o exemplo da passagem da seção juvenil à de adultos; um verdadeiro quebra-cabeça para os bibliotecários, que muitas vezes se sentem confusos na hora de situá-la na arquitetura. Foi dado todo tipo de solução. Mas em muitas bibliotecas os profissionais deixam na seção infantil os livros para adolescentes — salvo os materiais de consulta —, retardando assim o momento da chegada desses adolescentes à seção reservada aos adultos. E essa separação muitas vezes não é conveniente.

De modo que alguns se sentem perdidos e não sabem aonde ir, como Virgínia, que lembra de quando tinha treze ou catorze anos: "A sala para adultos, eu nem ousava entrar, e a sala infantil era para bebês". Outros tentam escapar do regulamento. Como este rapaz que nos conta como driblava a vigilância dos bibliotecários quando, adolescente, queria consultar livros da seção para adultos:

"Havia a biblioteca das crianças embaixo e, no andar de cima, a de adultos. Na biblioteca das crianças não se encontravam obras sobre psicanálise e astrologia, não eram temas para os jovens adolescentes; então, de vez em quando, tentávamos subir para a seção de adultos, mas éramos expulsos porque não tínhamos o direito de entrar ali [...]. Às vezes traçávamos um plano: havia as estantes, a porta e o escritório um pouco desnivelado; um de nós entrava. Quando via que a bibliotecária não estava no escritório, corríamos entre os livros. Então íamos para um canto sem fazer barulho enquanto ela estava nos arquivos. Quando voltava, não nos via ali naquele canto".

Outros se divertem com essas divisões, essas etapas sucessivas, e seu conhecimento progressivo dos lugares faz pensar em um percurso iniciático, como para Véronique:

"O que é mais bacana é que o mundo dos adultos é no alto. As crianças são encaminhadas para baixo e depois chega um momento, uma idade, em que podem subir. Assim, naturalmente, percebi como funcionava. Cheguei aos treze, catorze anos, pude subir e tinha o direito de tocar nos outros livros que estavam lá em cima [...]. Fiquei muito contente em subir. Era um outro mundo. Deixava para trás uma etapa [...]. Penso que seria bom se todos se lembrassem de que no andar de cima há outros livros, outras coisas".

Vocês veem que não há uma resposta universal, porque há adolescentes que querem avançar lentamente, ficar próximos da infância, enquanto outros querem queimar etapas. Além disso, nessa idade, muitos jovens mudam sua maneira de utilizar a biblioteca. Vão, a partir de uma idade, também para fazer suas tarefas. E o que na França se chama "a sala de documentação", que é reservada a esses usos paraesco-

O papel do mediador

lares, pode constituir assim uma espécie de peneira entre a seção para jovens e a seção para adultos. Para alguns, essa sala não será uma peneira, mas sim um ponto final: seu percurso na biblioteca não irá mais longe.

Esta é uma outra passagem difícil: a transição das formas de usos paraescolares para outros usos da biblioteca. Na França, principalmente entre as crianças de meios desfavorecidos, os usos paraescolares são muito frequentes. Acredito que seja uma coisa com a qual vocês também estão familiarizados. E tão importante quanto a possibilidade de terem acesso a materiais e documentos que não têm em casa, é a oportunidade de encontrarem um marco estruturante, um lugar para trabalhar no qual os jovens se motivam uns aos outros, às vezes pelo simples fato de se verem trabalhando. Para muitos rapazes, sobretudo, é como se a elaboração, na biblioteca, de uma alternativa à turma, de uma outra forma de grupo, bastante coeso, fosse por si só capaz de oferecer proteção e dar força para seguir adiante.

Mas, nesses casos, se eles se aventuram pelas estantes, é antes de tudo para encontrar documentos relacionados às tarefas que o professor está dando em aula. E para alguns deles, a utilização da biblioteca parece terminar ali. Terão passado dias inteiros na biblioteca, cercados de livros, mas não irão buscar nada além do que lhes foi pedido, não terão tomado gosto pela leitura. Alguns até podem ter desfrutado do prazer de ler durante a infância graças à biblioteca, mas, ao que parece, perderam esse prazer. E deixarão de frequentá-la tão logo termine sua trajetória escolar.

Na realidade, é complicado entender o que facilita a passagem para usos mais "autônomos", que não sejam apenas induzidos pela demanda escolar, mas em que o gosto da descoberta tome parte ativa. Parece que essa passagem é mais difícil no caso dos adolescentes acostumados a ir à biblioteca somente em grupo: é o reverso da moeda pois, de tanto andarem juntos, grudados, não conseguem andar sozinhos, e então nem sequer lhes ocorre a ideia de levantar-se e ir fuçar nas estantes.

Podemos observar que o início de uma busca pessoal, não dirigida por um professor, faz-se, com frequência, sobre temas tabu. Assim, muitos vão buscar na biblioteca conhecimentos sobre temas que não são abordados em família, e dificilmente na escola; entre eles, primordialmente, o da sexualidade. Esse tema aparece frequentemente associado nas entrevistas a outros temas-tabu: o sexo e a religião, o sexo e a política, e assim por diante. Essa capacidade de se autoinstruir é importante por várias razões: permite encontrar palavras para não ser objeto de angústias incontroláveis, ou para evitar a zombaria dos companheiros, sempre prontos a livrar a cara às custas dos outros nesse campo; e a curiosidade sexual da infância e da adolescência é também, já o mencionei, a base de uma pulsão para o conhecimento.

Mas não são somente os manuais de educação sexual ou os livros de medicina que são consultados nessas pesquisas. Podem ser também histórias em quadrinhos, testemunhos, biografias ou literatura erótica, como no caso de uma jovem magrebina, para quem a leitura de Anaïs Nin foi uma revelação e o início de seu itinerário como leitora:

> "A verdade é que, para mim, Anaïs Nin é uma mulher que escreve literatura erótica extremamente bem, que é reconhecida no mundo inteiro. Aprendi coisas sobre minha vida sexual, sobre minha intimidade, que ninguém até então pôde me ensinar [...]. Ao mesmo tempo isso me permitiu compreender as coisas, descobrir o mundo, como com Mark Twain, passando por grandes sagas históricas. Descobri que havia vidas apaixonantes e também temas íntimos".

Vocês puderam observar que a descoberta de si e a descoberta do mundo caminham juntas.

Entretanto, nem todo mundo tem a sorte de poder aprender muitas coisas sobre sua intimidade na biblioteca. Por exemplo, em uma pequena cidade, uma jovem de catorze anos, de um meio social modesto e pouco familiarizada com o livro, procurou em vão um livro de Marguerite Duras. Cedo-lhe a palavra:

"Procurei na biblioteca *O amante*, de Marguerite Duras. A bibliotecária me disse que não era adequado para minha idade. Parece que não é um francês muito correto. Gosto muito de livros para pessoas mais velhas, assim percorro as estantes para adultos, mas os bibliotecários me dizem: 'Você ainda não tem idade, vá lá para cima, para a sala onde estão *Cachinhos Dourados e os três ursinhos*, e outros livros!'. [...] Enquanto a biblioteca deveria ser um lugar acolhedor [...]".

Os bibliotecários geralmente são menos puritanos e até um pouco maliciosos: por exemplo, nas estantes, as obras de educação sexual ficam ao lado das de esporte. O jovem usuário pode desse modo dissimular o objeto de seu interesse ocultando-o sob um manual dedicado ao futebol. Algumas bibliotecas até mesmo organizam campanhas de informação sobre a prevenção da Aids ou sobre anticoncepcionais. E nessas ocasiões pode se medir, se acreditarmos nos profissionais, a inacreditável falta de informação dos jovens, ainda nos dias de hoje, principalmente nos bairros marginalizados.

Mas não é apenas a curiosidade espontânea dos jovens por temas tabu que pode conduzi-los, como no caso da jovem citada há pouco, a descobrir Anaïs Nin e Mark Twain. A arquitetura do local, por exemplo, incita a usos mais ou menos compartimentados. Visitei algumas bibliotecas nas quais, quando os jovens saem da sala de documentação, depois de fazer as tarefas, podem se dirigir para a saída sem cruzar com um único livro. Em contrapartida, existem outras em que a pessoa deve primeiro percorrer a grande sala da biblioteca e passar por todo tipo de mostruários e vitrines de exposição, que se renovam constantemente, chamam a atenção e convidam à leitura.

Alguns bibliotecários também inventam diferentes atividades e eventos para estimular a curiosidade dos adolescentes por outros temas, para transferir o interesse deles para leituras que não sejam só os livros de consulta. Por exemplo, diante do medo que os rapazes sentem de perder sua virilidade ao se arriscarem a ler e diante do fato de que na França, como em muitos outros países, os mediadores de leitura são, em geral, mulheres, os profissionais convidam escritores capazes de romper esses estereótipos. Temos assim autores de romances policiais que se vestem num estilo "supermachão" e percorrem a França de motocicleta, com casaco de couro, para falarem de seus livros e da sua paixão pela escrita. Em um sentido mais amplo, ver um autor em carne e osso muda a impressão que estes jovens têm dos livros. Pois mais de um pensava até então que um escritor era obrigatoriamente alguém que estava morto.

Outros profissionais, na biblioteca ou fora dela, animam clubes de leitura, ateliês de escrita, atividades teatrais, e introduzem assim os jovens em outras formas de convívio, diferentes daquelas em que todos estão grudados uns nos outros, amontoados. Observo que é muito delicado para um bibliotecário ter sempre em mente um duplo aspecto: por um lado, a importância de compartilhar, de conversar sobre os livros; por outro, a importância do secreto, da dimensão transgressora da leitura.

Mais um exemplo, o da passagem de uma biblioteca à outra: geralmente o de uma pequena biblioteca de bairro para uma grande biblioteca. Para esses jovens, a primeira é como uma bolha, onde a pessoa se sente bem, se sente em casa. Os bibliotecários são amáveis, conhecem-nos pelo nome. Cito:

O papel do mediador

"[Aqui] se precisamos deles, estão sempre por perto", "Aqui, eles têm mais tempo para atender cada um, individualmente", "É pequeno. Tem tudo o que é preciso; sou ajudado". Na grande biblioteca, nada disso acontece. Os profissionais parecem "caixas", segundo Hadrien, que diz: "eles passam o livro sob uma pequena luz; ouve-se um *clic* na tela; passou. Tem uma carteirinha, então não tem nome. É estranho. É algo muito perturbador". Essas bibliotecas são frias, impessoais, nelas nos sentimos perdidos. Pilar lembra que "ninguém jamais sorria. Não sei, para mim é algo tão natural. O mínimo é se dizer bom-dia. Ninguém me conhecia, portanto, era como se eu não existisse".

É evidente que não é sempre que temos vontade de sorrir e dizer bom-dia para todo mundo. Em uma das bibliotecas que visitei, os bibliotecários haviam resolvido o problema da seguinte maneira: na entrada e em cima da escrivaninha, um letreiro dava o tom. Dizia algo como: "Nós somos como vocês: às vezes temos preocupações, nem sempre temos vontade de sorrir ou energia para dizer bom-dia. Além disso, vocês podem querer que os deixemos em paz. Mas saibam que, se precisarem de alguma informação, ficaremos felizes em poder ajudá-los. Estamos aqui para isso".

Como veem, não tenho receitas mágicas para lhes oferecer. Tenho apenas a preocupação de fazê-los sentir que o papel do mediador de leitura é, a todo momento, penso eu, o de construir pontes.

PONTES PARA UNIVERSOS CULTURAIS
MAIS AMPLOS

Assim, o iniciador aos livros é aquele ou aquela que pode legitimar um desejo de ler que não está muito seguro de si. Aquele ou aquela que ajuda a ultrapassar os umbrais em diferentes momentos do percurso. Seja profissional ou voluntário, é também aquele ou aquela que acompanha o leitor no momento, por vezes tão difícil, da escolha do livro. Aquele que dá a oportunidade de fazer descobertas, possibilitando--lhe mobilidade nos acervos e oferecendo conselhos eventuais, sem pender para uma mediação de tipo pedagógico. O iniciador é aquele ou aquela que exerce uma função--chave para que o leitor não fique encurralado entre alguns títulos, para que tenha acesso a universos de livros diversificados, mais extensos. Porque uma das especificidades dos livros é a sua enorme variedade. Mas nos espaços rurais, nos bairros urbanos marginalizados, quem tem acesso a essa diversidade? Hoje em dia, em nossos países, o processo de controle da difusão do livro raramente é da alçada da censura. Porém, outras formas de regulamentação aí se aplicam, começando por aquelas que têm a ver com os distribuidores ou os responsáveis, em qualquer plano, por indicar ou escolher títulos.

E sobre esse aspecto, é preciso dizer que os universos livrescos de muitos dos jovens que conhecemos parecem bastante limitados. Alguns conseguiram diversificar suas leituras com o tempo, aventurando-se até em textos difíceis, graças à atenção personalizada de um profissional, como já comentei. Outros jamais ousaram visitar estantes diferentes daquelas já conhecidas e releem sem parar Stephen King ou Tolkien. Mas, de modo geral, as mesmas referências clássicas encontradas na escola, os mesmos *best-sellers* existentes na biblioteca, aparecem frequentemente nas entrevistas. É claro que são os efeitos da moda. Além disso, os *best-sellers* permitem "desenferrujar os olhos" e há mesmo alguns de qualidade que permitem soltar a imaginação, jogar com as palavras. Podem ser também um pretexto para compartilhar, para conversar. Portanto, não sejamos puritanos.

Mas é preciso ficar atento, e acredito que isso não se aplica somente à França. Ao ajustar a oferta somente em função do que imaginam ser as expectativas dos jovens, por medo de parecerem austeros ou acadêmicos, alguns bibliote-

O papel do mediador

cários correm o risco de contribuir para que se perpetue a segregação. Aos usuários de meios pobres, dariam somente certos títulos batidos, e aos leitores privilegiados, toda a possibilidade de escolha. Assim estaria se perpetuando uma velha tendência histórica, que já assinalei: o "íntimo", a "preocupação consigo mesmo", não era para os pobres. Estes foram considerados durante muito tempo "por atacado", de modo homogeneizador. Se tinham um lazer, este era geralmente organizado coletivamente e era bem fiscalizado, com fins edificantes e de higienização social. Somente os privilegiados tinham realmente o direito à diferenciação, a serem considerados como indivíduos.

Disse também outro dia que a leitura pode ser uma espécie de atalho que conduz de uma intimidade rebelde à cidadania. Pode ser, porém não sejamos ingênuos: isso não acontece sempre. Embora haja um tipo de leitura que ajuda a simbolizar, a sair de seu lugar, a abrir-se para o mundo, há outra que conduz apenas aos prazeres da regressão. E se alguns mediadores contribuem para que algo aconteça, outros limitam seu papel a uma espécie de patronagem, onde a leitura teria apenas uma função tranquilizadora.

Os jovens, aliás, estão conscientes desse risco, como Matoub, que nos disse:

> "A leitura me ensinou a subversão, porém, poderia também ter me ensinado o contrário [...]. Seria interessante ver em que medida a biblioteca pode ser um espaço de nivelamento ou de neutralização da individualidade. Poderia ser [...]. No caso de algumas pessoas, pode ser a revolta; no de outras, a indiferença total; e para outras, ainda, a redução. Será que a integração significa submissão? É a pergunta que me faço agora".

Mais uma vez, vocês puderam constatar como esses jovens são bons observadores, questionadores muito sensíveis.

De minha parte, não desejaria que as bibliotecas se convertessem em espaços de "nivelamento" ou de "neutralização da individualidade", como ele disse. Eu veria aí a própria negação do que me parece constituir sua razão de ser: permitir a cada um o acesso a seus direitos culturais, o acesso a um universo cultural mais amplo.

Parece-me que não seria demais insistir nesta característica do livro — a diversidade — e na importância desta para que cada um possa elaborar a sua própria história, se construir, e não se perder em identidades postiças. Muitas vezes, os jovens pouco familiarizados com os livros não percebem a diversidade dos textos escritos. Para eles, é um mundo monocromático, cinzento. Na França, o estudo dos textos clássicos durante a vida escolar parece reforçar essa representação. Alguns sociólogos têm se perguntado em que medida a "imposição maciça de grandes textos literários não é vivida pelos jovens pouco familiarizados com o universo literário como uma uniformização".

Enquanto nos mantivermos no registro de um panteão a ser visitado, como vimos, todo mundo bocejará de tédio. Mas quando possibilitarmos encontros singulares com esses mesmos textos — ou com outros —, a batalha estará ganha. A apropriação é um assunto individual: um texto nos apresenta notícias sobre nós mesmos, nos ensina mais sobre nós, nos dá as chaves, as armas para pensarmos sobre nossas vidas, pensarmos nossa relação com o que nos rodeia. Algumas vezes, esses jovens se apropriam de um texto estudado na escola. Como disse Hocine sobre algumas passagens de Montesquieu: "Gostei muito do texto sobre a escravidão dos negros. Essas ideias deveriam ser retomadas em nossos dias". Ou Malika, com o *Discurso sobre a origem e os fundamentos da desigualdade entre os homens*: "Uma vez lido isso, pensamos: 'Todo mundo deveria ler isso'. [...] É válido ainda hoje. Temos a impressão de que é atual".

Se, em certo sentido, existe uma contradição irremediá-

O papel do mediador 177

vel entre o ensino da literatura na escola e a leitura que fazemos por conta própria, ao menos cabe aos professores fazer com que os alunos tenham uma maior familiaridade, que sintam mais confiança ao se aproximarem dos textos escritos. Fazer com que sintam sua diversidade, sugerir-lhes a ideia de que, entre todos esses textos escritos — de hoje ou de ontem, daqui ou de outro lugar — haverá certamente alguns que dirão algo de muito particular a eles.

Quando se aborda essa questão da diversidade dos textos, também é preciso lembrar que as coisas não são equivalentes, que ler literatura — quer se trate de ficção, de poesia ou de ensaios com estilo elaborado — não pertence à mesma ordem que ler uma revista de motocicletas ou um manual de informática, ainda que, com certeza, seja preciso apropriar-se da maior variedade possível de suportes de leitura. E que ler Kafka ou García Lorca não é a mesma experiência que ler romances de espionagem de baixa qualidade.

E encorajo os bibliotecários para que remem contra a correnteza, quando os responsáveis pelos programas de televisão em quase todo o mundo nos infligem programas de uma estupidez e de uma vulgaridade completas, alegando o mau gosto do público. Efetivamente, há algo que me parece profundamente viciado, até perverso, nessa maneira de se esconder atrás daqueles mais desprotegidos para baixar o nível dos produtos que oferecem, argumentando ser isso o que eles querem. Como disse o pintor Pierre Soulages: "É o que encontro que me ensina o que procuro".

Após ter visitado várias bibliotecas dos bairros marginalizados, me impressionou o fato de que algumas só ofereciam revistas ou obras de um nível muito baixo, enquanto outras propunham estas mesmas obras, mas também algumas outras. Por exemplo, outro dia mencionei aqui um jovem operário laosiano que cultivava bonsais e lia sonetos de Shakespeare. Também tomava emprestados livros de pintura. Se Guo Long tivesse frequentado outra biblioteca de sua cidade, jamais teria descoberto os bonsais, nem Shakespeare, nem os grandes pintores românticos que tanto o encantam. Teve a sorte de os bibliotecários de seu bairro, um bairro muito desfavorecido, acreditarem que um leitor pode evoluir. O imaginário não é algo com que se nasce. É algo que se elabora, se desenvolve, se enriquece, se trabalha, ao longo dos encontros. Quando se viveu sempre em um mesmo universo de horizontes estreitos, é difícil imaginar que exista outra coisa. Ou quando se sabe que existe outra coisa, imaginar que se tenha o direito de almejar isso. Além do mais, quando se viveu nesse estreito registro de referência para pensar a relação com o que nos rodeia, a novidade pode ser vista como perigosa, como uma invasão, uma intrusão. É preciso toda uma arte para conduzi-la, e é por isso que não se trata simplesmente de colocar-se no lugar do outro, de invadi-lo com listas de "grandes obras", convencido do que é bom para ele.

Trata-se, no fundo, de ser receptivo, de estar disponível para propor, para acompanhar o jovem usuário, procurar com ele, inventar com ele, para multiplicar as oportunidades de fazer descobertas, para que o jogo esteja aberto. Trata-se de inventar pontes, estratagemas que permitam a quem frequenta uma biblioteca não ficar encurralado anos a fio em uma mesma estante ou coleção. Aliás, é o que sabem fazer muito bem vários profissionais, e é a isso que são sensíveis muitos jovens, como veremos.

Alguns bibliotecários sabem realmente se desprender da imagem empoeirada do antigo conservador de livros, e retiram os livros de seu pedestal, de modo que a biblioteca seja como deseja uma jovem, que nos disse: "A biblioteca ideal? É aquela em que a pessoa entra, procura alguma coisa, um livro, e logo descobre outro". Esses jovens sonham com os livros mais bem expostos, por exemplo, com painéis de apresentação como nas livrarias, e que haja cada vez mais novidades e que se dê vida aos acervos existentes. Que alguém os puxe pela manga para lhes mostrar uma ou outra obra.

O papel do mediador

Muitos lamentam que não haja mais intercâmbios e temem que os bibliotecários se convertam em uma espécie de "caixas de supermercado". Ouçamos o que Hadrien diz sobre os bibliotecários:

> "São pessoas que realmente têm um potencial, que podem ajudar, que conhecem muitas coisas, que leram muito. E são utilizados como substitutos do computador. São pessoas que verificam códigos de barras; deve ser tedioso para eles. E é isso que contesto [...]. São pessoas que têm potenciais que são subaproveitados. É uma pena".

Malik diz o mesmo:

> "Para mim, o que mais sinto falta é do conselho [...]. Por exemplo, às vezes pego autores estrangeiros pouco conhecidos; e eu gostaria muito que, quando devolvesse o livro, a bibliotecária me dissesse: 'Gostou deste livro?'. Eu poderia dizer que sim e ela me diria: 'Pois tem também este autor que escreve muito bem'. Para mim, a biblioteca não é somente um depósito de livros, é muito mais do que isso".

Ou para Philippe: "Deveria haver mais diálogo com o pessoal. A primeira função da biblioteca é a de ser um local de trocas".

Não podemos perder de vista que, por trás de seus braços musculosos, muitos usuários provenientes dos meios populares são tímidos. Por exemplo, a maioria dos jovens que conhecemos nunca teve a ideia de fazer sugestões de compra às bibliotecárias quando procuram nas estantes livros um pouco diferentes e não os encontram. Alguns ressaltam que essas aquisições dependem da "demanda", sem pensar um instante que eles são a demanda; para eles a demanda é um coletivo mítico do qual eles nunca poderiam fazer parte.

Atrever-se a pedir supõe vencer a vergonha de parecer "egoísta", de "importunar" o bibliotecário. Aqui, observa-se de maneira exemplar a dificuldade de reconhecer o direito de ter voz ativa, de se afirmar como ator ou mesmo como simples consumidor.

Darei agora um exemplo para mostrar que é possível estabelecer metas muito ambiciosas ainda que se trabalhe com "públicos" pouco familiarizados com o livro e obter êxito. Tivemos a prova disso em uma das bibliotecas onde fizemos a pesquisa — em Bobigny, situada na periferia de Paris. Bobigny é uma cidade recente onde vive, quase sempre em grandes conjuntos de concreto, uma população jovem, com salários muito modestos, e que conta com um grande número de desempregados e de imigrantes de origens cada vez mais diversificadas.

Entretanto, desde o início da década de 1980, os bibliotecários dessa comunidade têm sido muito exigentes ao formar suas coleções. Quiseram sensibilizar crianças e adolescentes à leitura divulgando obras literárias de qualidade. Tendo isso por objetivo, iniciaram diversas atividades em parceria com as escolas ou com as creches. Por exemplo, há um jornal que é distribuído às crianças por intermédio da escola: ele apresenta uma seleção anual de romances e um jogo-concurso. Um outro jornal é destinado aos adolescentes, em que eles próprios redigem artigos sobre os romances que leram. Um júri formado por adolescentes concede um prêmio literário; há ateliês de escrita conduzidos por autores famosos etc.

Essas atividades atingem um grande número de crianças: aproximadamente uma a cada duas crianças e um a cada três adolescentes estão inscritos na biblioteca. Durante nossa pesquisa observamos que os universos culturais dos jovens que encontramos em Bobigny pareciam mais abertos do que em outras cidades onde havíamos trabalhado. Ali encontramos mais jovens que fizeram seu próprio caminho entre os livros

O papel do mediador   181

e que transitavam entre vários registros de leitura. A ficção contemporânea era mais conhecida, mais mencionada. Por exemplo, foi ali que conheci o jovem kabila que citei outro dia, estudante de Letras, que adora escritores considerados muito difíceis. Ou Daoud, o jovem senegalês, que começou lendo Stephen King, mas que deixou de lado livros desse tipo porque lhe pareciam "muito fracos", como disse, e que depois leu Kafka, Faulkner, Borges e Proust.

Mesmo que o tipo de método utilizado em nossa pesquisa impeça comparações fidedignas entre os diversos lugares pesquisados e, considerando também, que a proximidade com Paris tem sua influência, podemos pensar que, apesar de tudo, o grande trabalho de promoção da literatura empreendido pelos profissionais dessa biblioteca há longos anos, não é em vão. Foi nessa cidade, mais do que em qualquer outra, que vários jovens fizeram e fazem exigências explícitas à biblioteca. Vários deles frequentam exposições. Outros escrevem rap, contos, teatro. Há também mais sinais de revolta. Porém, é uma revolta verbalizada, pensada, argumentada.

Atuando com as crianças, os profissionais dessa biblioteca procuraram, igualmente, atingir os pais. Os resultados nesse ponto, porém, são mais frágeis. Acrescento ainda que, em quase todo os lugares, percebe-se a necessidade de um trabalho maior de acompanhamento com os pais, e em especial com as mulheres. Como relata uma bibliotecária:

"Na África, uma criança, ainda que nutrida por um programa alimentar, uma vez solta, morre se os pais não estiverem ali. Os programas deveriam assistir aos adultos e às crianças. É o mesmo pensamento distorcido que temos aqui com as crianças e as bibliotecas. Se à criança são dados os meios para ler, quando ela volta para casa, se não há nada, se as pessoas só lhes transmitem coisas negativas...".

Creio que essa bibliotecária tem razão. O desenvolvimento de estruturas de alfabetização e de acolhimento, de locais de intercâmbio, é ainda mais importante porque as mulheres são, com frequência, em quase toda parte do mundo, os agentes privilegiados do desenvolvimento cultural: elas devolvem muito do que adquiriram sustentando sua família, ajudando as crianças, desenvolvendo trocas, vínculos sociais, fornecendo suas forças e seus conhecimentos à vida associativa. Os exemplos dados na palestra anterior mostram que algumas mulheres que no início se assustaram com a cultura letrada mudaram radicalmente de atitude. E que o medo do livro, do conhecimento, era algo ambivalente, e podia vir acompanhado de um forte desejo.

Para democratizar a leitura, não existem receitas mágicas. Apenas uma atenção especial às crianças, aos adolescentes, às mulheres e aos homens. Um questionamento diário sobre o exercício de sua profissão. Uma determinação. Uma exigência. Um pouco de imaginação. É um trabalho a longo prazo, paciente, muitas vezes ingrato, na medida em que é pouco mensurável, pouco "visível" na mídia, e do qual os profissionais quase nunca têm um retorno, a menos que algum pesquisador passe por ali e estude precisamente esse impacto.

Após ter realizado esta pesquisa, fui muito solicitada para falar sobre ela em várias cidades. E a cada encontro, os bibliotecários me procuravam para dizer que se sentiam reconfortados, que tinham a impressão de que algo lhes tinha sido restituído. É uma profissão que teve de evoluir muito em um tempo relativamente curto. É organizada, bem estruturada — para o bem e para o mal. O mal, sem dúvida, é um certo corporativismo. O bem é a constante troca de informações, uma circulação de experiências, que se dá também no âmbito internacional.

Porém, se é essencial manter-se informado do que se passa em outros lugares, não creio que existam soluções universais. Do mesmo modo, não acredito nas pequenas listas de

O papel do mediador

leitura aplicáveis a todo o mundo. Acredito inclusive que um mediador de leitura deveria pouco a pouco lutar contra essa demanda por um modelo, por uma pequena lista básica, idêntica para todos, semelhante ao modelo escolar. E que deveria poder dar, a cada leitor, uma oportunidade de encontros singulares com textos que possam lhe dizer algo em particular.

Seria desejável que uma equipe de bibliotecários conhecesse bem a pluralidade da produção editorial e a diversidade da literatura juvenil, mas jamais poderemos estabelecer uma lista definitiva das obras mais adequadas para ajudar os adolescentes a se construírem. Pensando nas entrevistas que realizamos, quem poderia imaginar que Descartes seria a leitura preferida de uma jovem turca preocupada em escapar de um casamento arranjado, que a biografia de uma atriz surda permitiria a um jovem homossexual assumir sua própria diferença, ou que os sonetos de Shakespeare inspirariam um jovem laosiano, operário da construção, a escrever canções? Isso nos evidencia os limites desses livros escritos sob encomenda para satisfazer essa ou aquela suposta "necessidade" dos adolescentes. Os textos que mais trabalham o leitor são aqueles em que algo passa de inconsciente a inconsciente. E isso nos escapará sempre, pelo menos em grande parte — felizmente.

Não se trata de modo algum de aprisionar o leitor, mas sim de lhe apresentar pontes ou permitir que ele mesmo construa as suas. Darei mais alguns exemplos. O de Pierre, um agricultor que se esforça para modernizar sua lavoura. Se pôde compreender melhor a globalização atual da economia, não foi lendo tratados de economia, foi porque leu sobre a vida de Cristóvão Colombo:

> "Estava lendo um livro que falava de Cristóvão Colombo. Gosto de saber como as pessoas viviam. E fico espantado de ver como tudo era curiosamente organizado. Incrível! Existiam como nós, com toda certeza! No

fim, tudo está ligado [...]. O que me interessa são as pessoas, a humanidade. É o passado e o futuro".

Tomarei o segundo exemplo ao escritor japonês Kenzaburo Oe, que é originário de uma pequena aldeia. Numa entrevista, ele contou:

"Durante os anos que passei em Tóquio sentia muita falta da minha aldeia e teria adorado encontrar livros que me falassem desse sentimento, mas eles não existiam. Só se escrevia a respeito do centro do Japão, sobre Tóquio, porque era esse centro que fazia a guerra. O que me interessava era a cultura periférica, a de minha aldeia na floresta. Encontrei o que procurava lendo Rabelais".[71]

As palavras que mais lhe diziam algo sobre sua aldeia japonesa tinham sido escritas por um escritor do século XVI que vivia na França, no outro extremo do mundo.

Os leitores nunca deixam de nos surpreender. E é sem dúvida quando uma obra oferece uma metáfora, quando permite um deslocamento, quando "trabalha" realmente o leitor, que ele pode ser transformado por ela e, nas entrelinhas, encontrar sua fantasia inventiva, se deixar levar pela imaginação, e pensar.

O MEDIADOR NÃO PODE
DAR MAIS DO QUE TEM...

Estamos quase no final de nosso périplo. Minha intenção foi transmitir-lhes o sentimento de que, mesmo em contextos difíceis, não somos impotentes, que dispomos de uma

---

[71] Entrevista para o jornal *Libération*, 9/11/1989.

O papel do mediador

margem de manobra. Mas devo acrescentar que em certos contextos é preocupante a estreiteza dessa margem.

Para a maioria dos jovens que conhecemos, o fato de ler e ir à biblioteca abriu o espaço de suas possibilidades ao ampliar seu universo de linguagem, seu universo cultural. E também os ajudou, concretamente, em sua trajetória escolar e, às vezes, profissional. Permitiu-lhes evitar as rotas mais perigosas e encontrar um pouco de "jogo" na hierarquia social, o que não é pouco. Graças à leitura e à biblioteca, estão melhor preparados para pensar, para enfrentar qualquer obstáculo que encontrem pelo caminho. Ao descobrir a biblioteca, também descobriram "um lugar onde se pode consultar o mundo", como disse um deles. Mas quanto a se sentir verdadeiramente parte integrante desse mundo, talvez seja uma outra história.

Por exemplo, muitos jovens que encontramos nos impressionaram por sua inteligência, sensibilidade e tenacidade. Mas é preciso dizer que os "avanços" profissionais que os mais velhos puderam realizar não foram consideráveis: continua sendo difícil lograr uma mobilidade social significativa quando se é proveniente de um meio pobre. Como no caso do rapaz argelino que se empenhou em terminar seus estudos de medicina e agora enfrenta grandes dificuldades para encontrar emprego. Ou a jovem que só encontra "bicos" — destino de tantos jovens, em especial as mulheres. É como se dissessem aos jovens: "Mexam-se, mas não vão muito longe". Esta exigência pode vir, às vezes, de pessoas próximas. Vimos que nem sempre é fácil chegar mais longe do que os pais, distinguir-se deles. Assim, alguns pisam no breque por conta própria. Mas no caso desses jovens, são sobretudo a segregação social, a xenofobia, a misoginia que travam seus movimentos.

Na França, diz-se que a mulher mais bela do mundo não pode dar mais do que ela tem. No caso da biblioteca, da leitura, ocorre um pouco a mesma coisa. A biblioteca só pode dar o que tem e hoje ela se vê limitada pelos processos de segregação presentes em tantos lugares. Quando os jovens saem da biblioteca e querem se integrar, faltam, todavia, espaços para isso...

Com relação aos deslocamentos geográficos, também há algo que representa um obstáculo permanente: muitos jovens não se atrevem jamais a se aventurar fora de seu bairro, porque se sentem deslocados quando saem de suas fronteiras. Raramente se arriscam a ir ao centro da cidade, onde tantas coisas lhes fazem sentir que não pertencem àquele lugar. E muitos deles expressaram sua revolta diante da segregação espacial: ficar confinado em um bairro é ser estigmatizado, identificado por uma imagem negativa; é também ter que viver somente entre os seus. Um dos dramas dos guetos é que a pessoa se molda imitando os demais, por meio de uma vigilância mútua, que se exerce particularmente contra as mulheres, como muitas delas relataram de forma dolorosa.

E podemos nos perguntar que tipos de intercâmbio as bibliotecas de bairro podem promover: intercâmbios localizados, compartimentados, limitados às pessoas conhecidas, que se parecem entre si, em refúgios que os protegem da rua e dos grupos, mas que se tornam territórios fechados; ou intercâmbios mais amplos que permitam o convívio com outros "públicos", a abertura para outros espaços e para a cidade.

Por mais que estejam envolvidos, por mais imaginativos que sejam os bibliotecários ou os professores, eles não são onipotentes, e suas tentativas, em certos contextos, podem se deparar com um impasse. Sozinhos, na maior parte do tempo, não podem fazer grande coisa: de fato, se sua ação encontra lugar e eficácia, é sempre dentro de uma configuração. Mas não se trata apenas do trabalho em parceria que aproxima a biblioteca da escola, dos serviços sociais, dos serviços jurídicos — trabalho em parceria que, salvo exceção, é empreendido de maneira tímida. É toda uma questão de projeto de cidade e de sociedade que se coloca. Isso se quisermos que os bibliotecários ou os professores ou os assistentes so-

O papel do mediador   187

ciais não fiquem restritos a animar guetos e a enfrentar, cada vez mais, as situações de violência que também fazem parte de seu destino.

Mas para não concluir num tom alarmista, gostaria de acrescentar que, ao escutar esses jovens, podemos avaliar o quanto um bibliotecário ou um professor podem ser os transmissores de relatos, conhecimentos, palavras, imagens, que deslocam o ângulo de visão a partir do qual os jovens vêm o mundo. Além disso, para que se integrem, repito, é preciso ainda lhes dar um lugar. E dar um lugar ao outro, reconhecê-lo, pode ser, por exemplo, trocar algumas palavras ao final do curso, ou no momento em que devolvem um livro ou um CD. Então, esse encontro, mais vivo que qualquer dos discursos piedosos sobre exclusão, ainda que fugaz, ainda que na maior parte do tempo o bibliotecário ou o professor não receba nenhum eco do que poderia provocar, pode, às vezes, contribuir para mudar um destino. É o que explica Hadrien:

> "Para usar o termo 'integração', que não param de martelar nos nossos ouvidos. Essa integração começa, simplesmente, quando se mostra que se pode confiar no outro e pedir a sua opinião. Olhando para trás, percebo que esses pequenos detalhes aparentemente sem importância — o contato com as pessoas, o fato de interpelar alguém no final de um curso — correspondem exatamente ao ato de abordar alguém para comentar um livro que você acabou de devolver, é o mesmo princípio. Provocar uma reação. É aí que se criam verdadeiramente os fundamentos do indivíduo para mais tarde. É nesses momentos inesperados de comunicação".

Como conclusão, vou ler para vocês algumas frases desses jovens, para que ouçam um pouco mais as suas vozes, para que avaliem o que uma biblioteca, e os livros que nela se encontram, podem representar para esses jovens inicialmente afastados da cultura letrada. Porque antes de tudo, talvez seja preciso ressaltar o seguinte: a esperança, a confiança que depositaram nessa cultura e na biblioteca; a convicção de muitos deles de terem encontrado ali oportunidades para compensar um pouco as desvantagens que marcaram seu trajeto, para se abrir a outras possibilidades. Quem fala em primeiro lugar é um rapaz de dezesseis anos chamado Fethi:

> "A biblioteca é uma caixa de ideias, uma caixa de surpresas. Quando era pequeno, cada vez que entrava e depois saía, tinha a sensação de ter descoberto alguma coisa, sentia-me mais velho. Com a leitura nos desenvolvemos, temos um modo de vida diferente dos outros, nos tornamos diferentes. A biblioteca é como a água".

Com Afida, que tem a mesma idade de Fethi, acontece algo semelhante: "É como se os livros tivessem me feito crescer. A biblioteca é minha segunda casa, onde me encontro. É um lugar que não esquecerei jamais".

Magali tem 27 anos e vive no campo, muito isolada; consulta livros práticos para ajudá-la a criar seus filhos, e às vezes lê um pouco de ficção: "Com os livros, vejo algo além de mim mesma quando observo a minha vida". Finalizo com Matoub, estudante de Letras de 24 anos: "Não leio para fugir, porque não é possível fugir. Vou fazer uma frase de escritor: eu leio para aprender a minha liberdade".

SOBRE A AUTORA

Michèle Petit é antropóloga, pesquisadora do Laboratório de Dinâmicas Sociais e Recomposição dos Espaços, do Centre National de la Recherche Scientifique, na França, no qual ingressou em 1972. Inicialmente trabalhou ao lado de geógrafos em projetos que diziam respeito a países em desenvolvimento; mais tarde sua formação intelectual, que inclui o estudo das línguas orientais vivas e o Doutoramento em Letras e Ciências Humanas, foi profundamente marcada pelo encontro com a psicanálise.

A partir de 1992, o interesse crescente pela dimensão simbólica orienta suas pesquisas para a análise da relação entre sujeito e livro, privilegiando a experiência singular do leitor. Coordena, então, um estudo sobre a leitura na zona rural francesa e, logo depois, uma pesquisa sobre o papel das bibliotecas públicas na luta contra os processos de exclusão e segregação, tendo por base entrevistas com jovens de bairros marginalizados.

Nos anos seguintes, aprofunda suas reflexões sobre a contribuição da leitura na construção e reconstrução do sujeito, e desenvolve um estudo sobre as diversas resistências que a difusão da leitura desencadeia. Desde 2004 coordena um programa internacional sobre "a leitura em espaços de crise", compreendendo tanto situações de guerra ou migrações forçadas como contextos de rápida deterioração econômica e grande violência social.

Com obras traduzidas em vários países da Europa e da América Latina, Michèle Petit é autora dos livros *Nuevos acercamientos a los jóvenes y la lectura* e *Del espacio íntimo al espacio público* (ambos publicados em espanhol, no México, em 1999 e 2001, respectivamente); *Éloge de la lecture: la construction de soi* (2002), *Une enfance au pays des livres* (2007), *L'art de lire ou comment résister à l'adversité* (2008), entre outros. No Brasil, foram lançados, pela Editora 34, os livros *Os jovens e a leitura* (2008, que recebeu o selo "Altamente Recomendável" da FNLIJ), *A arte de ler ou como resistir à adversidade* (2009), *Leituras: do espaço íntimo ao espaço público* (2013) e *Ler o mundo: experiências de transmissão cultural nos dias de hoje* (2019).

ESTE LIVRO FOI COMPOSTO EM SABON,
PELA BRACHER & MALTA, COM CTP DA
NEW PRINT E IMPRESSÃO DA GRAPHIUM
EM PAPEL PÓLEN NATURAL 80 G/M^2 DA
CIA. SUZANO DE PAPEL E CELULOSE PARA
A EDITORA 34, EM MAIO DE 2022.